BIBLICAL EXEGESIS
IN THE QUMRAN TEXTS

F.F. BRUCE

F.F. Bruce
Biblical Exegesis in the Qumran Texts

초판1쇄 2018.08.08
지은이 F.F. 브루스
옮긴이 이영욱
편 집 이지혜
발행인 이영욱

발행처 감은사
전 화 070-8614-2206
팩 스 050-7091-2206
주 소 서울시 강동구 암사동 아리수로 66, 401호
이메일 editor@gameun.co.kr

ISBN 9791196412517
정 가 24,000원

이 도서의 국립중앙도서관 출판예정도서목록(CIP)은 서지정보유통지원시스
템 홈페이지(http://seoji.nl.go.kr)와 국가자료공동목록시스템(http://www.
nl.go.kr/kolisnet)에서 이용하실 수 있습니다(CIP제어번호: CIP2018018737).

사해사본의 구약 사용

F.F. 브루스 지음
이영욱 옮김

(1) '사해사본'이 '쿰란문헌'보다 넓은 개념이기는 하지만, 좁은 의미에서 사해사본은 쿰란문헌을 지칭할 수 있기에, 원서의 Qumran text는 "쿰란문헌" 내지는 "사해사본"으로 번역하였습니다.

(2) 본서의 소제목은 모두 역자가 제시한 것입니다.

(3) 한영 병기나 옮긴이의 첨언 및 주는 모두 꺾인대괄호〔〕로 묶었습니다.

(4) 본서에 사용된 성경은 브루스의 것을 그대로 옮겼고, 몇몇 개역성경을 그대로 사용한 경우에는 "개정개역"이라고 명시하였습니다.

(5) 개역성경과 공동번역에 포함되어 있는 성경 외의 문헌들은 모두 이중꺽쇠(『』)를 사용하였습니다(예, 『희년서』).

(6) 본서가 입문서라는 점을 감안하여, 쿰란문헌의 제목은 (영문 제목의 이탤릭체 여부와 관계없이) 모두 이중꺽쇠(『』)를 사용하였습니다. 아울러 하부제목들은 단일꺽쇠(「」)로 표기하였습니다(예, 『사독문헌』, 「사독훈계」). 단, 『열두 지파장의 유훈』 같은 경우는 예외로서 하부제목 역시 이중꺽쇠를 사용하였습니다(예, 「유다의 유훈」 대신에 『유다의 유훈』이라고 표기).

(7) 쿰란문헌 인용 방식은 세 가지로, 가장 기본적인 표기법은 "1Q28"이며, "1QS" 내지는 『공동체규율』이라는 제목을 사용하기도 합니다. 이 번역서에서는 원서를 반영하여 이 세 가지 방식을 모두 사용하되, 본문 내에서는 주로 제목을 사용하였습니다. 파편/단편(fr)과 단(co), 줄에 관하여는 가장 일반적인 표기 방식, 예컨대, "4Q397 14-17 IV 2-3"와 같이 표기하였습니다.

(8) 원서에서 『사독문헌』을 가리키는 약어는 Z이지만, 일반적으로는 『사독문헌』을 CD(『다마스커스 문헌』)로 표기하기에 모두 CD로 표현하였습니다. 이때 CD는 모두 A 사본을 가리킵니다(B 사본 역시 한 차례 등장하지만 그것은 문맥에서 분명히 명시되었습니다).

| 목차 |

| 서문 |

제가 감사하게도 Exegetica 시리즈에 투고 제안을 받았을 때에 "사해사본의 구약 사용"(Biblical Exegesis in the Qumran Texts)에 관하여 쓰는 것이 적절하겠다고 생각했습니다. 왜냐 하면 저는 몇 달 전 암스테르담의 자유대학교와 우트레흐트 대학교, 레이든 대학교에서 이 주제에 관하여 강의한 적이 있 기 때문입니다. 제가 이 강의를 확장시켜 본서를 저작하면서, 네덜란드에서 받았던 따뜻한 환대를 상기하지 않을 수 없을 것 같습니다. 이 짤막한 연구를 제 화란 동료들과 친구들에게 바칩니다.

1957년 12월

F. F. 브루스

| 약어표 |

BASOR	*Bulletin of the American Schools of Oriental Research*
CD	Damascus Documents (Zadokite Documents)
DJD	*Discoveries in the Judaean Desert* I, ed. D. Barthélemy and J. T. Milik (Oxford, 1955).
JBL	*Journal of Biblical Literature*
JTS	*Journal of Theological Studies*
LXX	Septuagint (Greek version of Old Testament)
MT	Massoretic Text
NTS	*New Testament Studies*
PEQ	*Palestine Exploration Quarterly*
1Q	(Documents discovered in) Qumran Cave I
1QH	*Hyms of Thanksgiving*
1QIsa^a	*Scroll of Isaiah 1-66*
1QM	*Rule of War*
1QpHab	Commentary on Habakkuk
1QpMic	Commentary on Micah
1QS	*Rule of the Community*
1QSa	*Rule of the Congregation*
1QSb	Collection of Benedictions
1Q27	*Book of Mysteries*
4Q	(Documents discovered in) Qumran Cave IV

4QpIsa[a]	Commentary on Isaiah 10-12
4QpNahum	Commentary on Nahum
4QpPs 37	Commentary on Psalms 37
RB	*Revue Biblique*
SNTS	*Studiorum Novi Testamenti Societas*
TB	Babylonian Talmud
VT	*Vetus Testamentum*
ZAW	*Zeitschrift für die alttestamentliche Wissenschaft*

제1장
쿰란의 성경 주석

I. 라즈와 페쉐르

지난 10년간 쿰란동굴에서 발견된 허다한 문헌들 중에는 구약성경 본문들을 석의하고 있는 독특한 주석서들이 있다. 이 주석들 중 가장 완전한 형태를 보존하고 있는 것으로는 쿰란 제1동굴에서 발견된 『하박국주석』(1QpHab)이 있으며, 이외에도 미가, 스바냐, 시편에 관한 단편적인 주석들도 발견되었다. 또 다른 동굴(특히 제4동굴)에서 몇 개의 주석들이 더 발견되었는데, 이 중에서 특별히 시편에 관한 주석과 나훔 주석, 이사야 주석이 흥미롭다.

쿰란공동체가 구약성경을 얼마나 열성적으로 연구하였는지를 기억한다면, 이러한 성경 주석들의 존재는 그리 놀라운 것이 아닐 것이다. 사실 쿰란의 성경 연구 및 성경 해석 행위는 이상에서 언급한 주석들의 형태로만 나타나는 것이 아니다. 쿰란동굴에서 발견된 수많은 구약 사본들 역시 성경 해석의 결과가 반영된 것이기에, 쿰란의 성경 해석 방식을 관찰하는 데에 매우 중요한 자료가 될 수 있다. 또한 구약 필사본이 아니더라도 대부분의 문헌들은 쿰란공동체의 신앙과 관습들을 다루면서 성경 본문을 인용하거나 적용하고 있다. 이 쿰란문헌들에 나타나는 구약성경 해석 방식은 통상 몇 가지 범주—알레고리적 해석이나 도덕적 해석 등—로 구분할 수 있는데, 그 중에 쿰란의 주석들 안에서 사용되고 있는 일련의 해석 방식은 '페쉐르'(פשר)라는 용어로 소개되며, 실제로 성경 주석을 기록한 쿰란문헌들 자체는 '페샤림'(פשרים〔페쉐르의 복수형-역주〕)으로 불리게 되었다. 우리가 본 장에서 다루려 하는 것이 바로 이 페쉐르라는 해석 방식이다.

페쉐르란 히브리어 단어로서 구약성경에는 단 한 차례 등장한다(전 8:1, "누가 사물에 대한 '해석'〔פשר〕을 알 수 있는가?"). 이 전도서 8:1은, 전도서 문맥에 따르면, 사물을 "해석"하기 위해서는 지혜가 필요하다는 것을 의미하고 있다. 이는 이와 같은 어근의 아람어 단어 '페샤르'(פשר)가 30회 나타나는 다니엘서를 관찰할 때에 동일하게 확인된다. 아람어 페샤르는 느부갓네살 왕의 꿈을 해석할 때와 벨사살 왕의 연회 때에 벽에 쓰인 글씨를 해석할 때에 사용되었고, 다니엘의 첫 번째 환상에 관한 해석을 가리킬 때에도 사용되었다.

다니엘서의 히브리어 부분(다니엘서는 아람어와 히브리어로 구성되어 있다-역주)에는 פשר라는 어근을 가진 단어가 나타나지는 않지만, 이와 동일한 개념이 בין(이해하다), ידע(알다), שכל(지혜롭게 행하다)과 같은 일반적인 단어―예를 들면, 예레미야 25:11-12(29:10)에서 천사가 칠십 년을 칠십 이레의 기간으로 재해석하는 경우(단 9:2, 24-27)―로 나타난다.

이때 페쉐르는 신적 조명을 통해 주어지는 지혜로운 해석을 의미한다. 하지만 신적 조명을 받아 무언가를 해석하는 것은 신적 신비와 관련하고 있기에 그렇게 간단한 문제가 아니다. 쿰란문헌에서는 이러한 식의 신비(mystery: 이 단어는 개역성경에서 "비밀"로 번역되었다-역주)를 '라즈'(רז)라고 부른다. 페르시아어에서 기원한 이 용어는 다니엘서의 아람어 부분에도 나타나서 느부갓네살의 꿈 자체를 가리키는 데에 사용된 바 있다. 다니엘은 느부갓네살의 꿈을 해석하기 위하여 왕 앞에 섰을 때에 다음과 같이 이야기했다. "이 신비한 것(רז)이 제게 드러난 것은 제가 다른 인생들보다 더 지혜로워서가 아니라, 다만 왕께 그 해석(פשר)을 알리도록 하기 위함입니다"(단 2:30). 또한 느부갓네살도 다니엘에게 큰 나무에 대한 꿈을 해설해주기를 요청하면서 이렇게 말했다. "내가 알기에 네 안에는 거룩한 신들의 영이 있어 어떤 신비한 것(רז)이라도 네게 어려움이 없을 것이니, 내가 본 꿈과 그 해석(פשר)을 말해 보아라"(단 4:9).

칠십인역 역본들과 테오도티온 판본(Theodotion: 일종의 칠십인역 개정판-역주)에서, 이 '라즈'라는 용어는 천편일률적으로 μυστήριον('신비')으로 번역되기에, 우리가 헬라어로 된 신약성경에서 μυστήριον을 만날 때에 다니엘서의 '라즈' 개념를 염두에 두면 그 이해에 도움이 될 것이다.

우리는 다니엘서에서 한쪽에 신비로운 것(רז)이 주어지고, 또 다른 한쪽에는 해석(פשר)이 주어진다는 것을 분명하게 확인할 수 있다. 신비한 것과 해석이 결합될 때에 비로소 하나님과의 소통이 성립한다. 하나님께서 꿈(느부갓네살)과 벽의 글씨(벨사살)를 통하여 왕들에게 말씀하셨지만, 다니엘이 하나님께 받은 해석을 이들에게 제시하기 전까지, 그 신비한 것들은 그들에게 아무 의미가 없었다. 이와 마찬가지로, 다니엘 자신도, 천사가 환상의 내용을 설명해주기 전까지, 자신이 본 환상에 대한 해석으로 인해 근심하고 걱정하였다(단 7:15-16). (다니엘 7:28에서 말하는 것과 같이, 다니엘은 해석을 받은 후에도 동일하게 번민하였지만, 이 경우에는 환상의 내용을 모르기 때문이 아니라 알기 때문에 번민한 것이었다.)

라즈와 더불어 페쉐르가 계시되기 전까지는 하나님의 뜻을 바르게 이해할 수 없다는 이 원리는 쿰란 주석에 나타난 성경 해석 방식의 기초가 된다. 하나님께서는 선지자들에게 라즈를

전하여 주셨지만, 라즈의 의미는 하나님께서 선택하신 해석가를 통해 페쉐르를 주시기 전까지는 봉인되어 있었다. 쿰란문헌이 말하는바, 선택받은 해석가는 쿰란공동체의 창시자인 '의의 교사'〔Teacher of Righteousness〕였다.

라즈와 페쉐르의 관계에 관한 예로써, 『하박국주석』(1QpHab VII 1-5)에 나타난 하박국 2:1-2에 대한 해석을 살펴보면 다음과 같다.

> 하나님께서는 하박국에게 마지막 세대에 일어날 일들을 기록하라고 명하셨으나, 그 시대가 성취될 것에 대해서는 그에게 아무것도 가르쳐주지 않으셨다. "그것을 읽는 자가 달려가면서 읽을 수 있게 하라"(합 2:2). 이 말씀의 해석(פשר)은 의의 교사와 관련되어 있다. 하나님께서는 의의 교사에게 그분의 종인 선지자들의 말에 담긴 모든 신비한 것들(רזים)의 의미를 알려주셨다.

쿰란공동체는 하나님의 계시가 두 부분으로 나뉘어 있으며, 의의 교사에 의하여 이 두 부분이 하나로 모아질 때에 비로소 그 의미가 분명해지는 것이라고 생각했다. 더욱이 의의 교사가 일어나 선지자들의 예언을 해석해 주는 것은 주로 마지막 세대와 관련한 것으로서 종말의 때가 임박했다는 표식이었다. 이러한 사실은 신실한 공동체에 대하여 묘사하고 있는 「사독훈계」〔Zadokite Admonition〕의 서두에서 확인된다(CD I 10-12).

> 그들이 온전한 마음으로 하나님을 찾았기에 하나님께서는 그들
> 의 행동을 눈여겨보시고, 그들을 위하여 의의 교사를 세우셔서
> 그분의 마음의 길을 가르치게 하셨다. 또한 마지막 세대, 곧 반
> 역한 무리들에게 행하실 일을 마지막 세대들에게 알리셨다.

이로써 지금까지 확인한 쿰란의 성경 해석 원리를 다음과
같은 명제로 정리할 수 있다.

> (1) 하나님께서는 자신의 뜻을 그분의 종인 선지자들에게 계시
>   하셨지만, 그에 대한 해석이 의의 교사를 통하여 주어질 때
>   까지는 (특히 하나님의 뜻이 언제 성취될 지에 관하여는) 아
>   무도 이해할 수 없다.
> (2) 선지자들의 모든 예언은 종말에 일어날 일들을 가리키고 있
>   다.
> (3) 현재 종말의 때가 현재 임박했다.

따라서 발람이 "야곱에게서" 나온 별이 이스라엘의 원수를
꺾을 것이라고 이야기했을 때(민 24:17), 모세가 자신과 같은
선지자를 하나님이 일으키실 것에 대하여 예고했을 때(신

18:15), 이사야가 사람의 칼이 아닌 것에 앗수르가 몰락할 것을 묘사했을 때(사 10:27-34, 31:8), 미가가 사마리아의 멸망을 예언했을 때(미 1:6), 나훔이 니느웨를 "수사자가 자기 어린 사자들을 위해 먹이를 충분히 찢으며, 자기 암사자들을 위해 먹이의 목을 물던"(나 2:11-12) 굴로 묘사했을 때, 하박국이 이스라엘 백성들에게 "사납고 급한 민족 갈대아"(합 1:6)에 의해 정복될 것을 경고했을 때, 에스겔이 "곡과 마곡"(겔 38장)의 멸망을 예언했을 때에, 말하자면 이 예언들이 선포된 직후에 그 사건들의 의미가 드러나는 것이 아니라, 의의 교사가 나타나 해석해 줄 때에 비로소 그 의미가 드러나게 된다는 것이다. 쿰란공동체에 따르면, 이사야는 앗수르에 대하여, 하박국은 갈대아인들에 대하여, 에스겔은 곡에 대하여 말했을지 모르겠지만, 이들은 단순히 종말에 하나님의 백성을 억압하는 거대한 이방 권세—의와 평화의 새 시대가 도래 할 때에 몰락하게 될—를 가리키는 서로 다른 이름일 뿐이었다.

이러한 해석의 원리에 따르면, 구약의 예언들을 적절한 역사적 배경을 통하여 읽을 때에 그 의미가 가장 잘 드러나게 된다는 주장은 폐기되어야 할 것이다. 현대 독자들에게 있어서 이사야 1-33장에 나타난 앗수르에 대한 언급—명시적이든 암시적이든—을 주전 740-700년경의 고대 근동의 역사에 비추어 읽을 때에 쉽게 이해할 수 있기에, 결국 그러한 지식들은 당시의 역사를 이해하는 데에 중요한 역할을 한다고 말할 수 있을 것이다. 하지만 이사야가 말했던 앗수르가 이사야 당대의 앗수르가 아닌 주전 2세기의 셀류키드 왕조(Seleucid: 주전 312-63년, 헬라 지역을 다스렸던 왕조-역주)나 로마 제국에 관하여 말했던 것이라면, 주전 8세기를 배경으로 이사야의 예언을 관찰하는 것은 무의미하다. 마찬가지로, 만일 사마리아가 "들의 무더기"(미 1:6) 같이 될 것이라는 미가의 경고가 주전 721년의 앗수르의 사마리아 침략에 관한 것이 아니라, 쿰란공동체가 있던 시기 예루살렘의 불경건한 제사장들에 대한 심판을 가리키고 있는 것이라면, 선지자 당대의 역사적인 배경에 비추어 이러한 본문의 의미를 결정하려고 하는 것은 의미가 없을 것이다.

요약하자면, 쿰란문헌의 성경 해석 방식에 따르면 모든 예언들은 암호(code)로 주어진 것이기에 의의 교사가 그 열쇠를 받을 때까지는 아무도 그 암호를 풀 수 없다. 또한 의의 교사가 가르치는 바와 같이 구약의 예언들이 이후에 의의 교사가 일어날 시대를 가리키고 있는 것이라면 의의 교사의 시대가 선지자들에 의해 선포된 예언의 배경이 된다.

II. 『하박국주석』의 구약 사용 방식

『하박국주석』은 지금까지 쿰란동굴에서 복원한 문헌들 중 가장 온전하게 보존되어 있기에, 우리의 주장을 펼치기에 가장 적절한 근거가 될 수 있다.[1]

문장의 분절

현대의 주석가들에게 있어서, 하박국서의 의미는 주전 7세기 말엽의 역사적 배경, 아마도 여호야김(주전 808-598년)의 통치에 비추어 볼 때에 가장 이해하기 쉬울 것이다. 여호야김은 백성들을 악하게 대하면서 압제하였던 유다의 왕이었기에 (렘 22:13-17), 하박국은 여호야김의 통치를 비판했다. 하지만 하나님께서는 하박국에게 유다의 불의한 통치자들을 심판하기 위하여 갈대아인들을 일으키셨다고 말씀하셨다. 이에 여호야김의 불의에 반대했던 하박국은 도리어 하나님의 말씀에 반박하기 시작했다. 왜냐하면 갈대아인들은 하나님의 심판을 받게 될 이스라엘보다도 더욱 잔인하고 불경스러운 죄를 지은 자들이기 때문이다. 이때 하나님께서는 자신의 뜻을 이루기

위하여 갈대아인들 역시 이스라엘과 같이 패망하게 될 것이라
고 말씀하셨다. 이는 즉, 하나님의 의가 이 땅 위에 분명하게
서게 될 날이 온다는 것이다. 하지만 하나님의 백성은 그 날이
올 때까지 인내하며 하나님을 신뢰해야만 했다. 하박국 2:4는
이렇게 말한다. "의인은 그의 믿음으로 말미암아 살 것이다."

이 하박국 말씀을 세세하게 연구하면 또 다른 해석이 가능
할 수도 있겠지만, 일반적으로는 이상에서 상술한 것처럼 해
석할 때에 "하박국 선지자가 이해했던 하나님의 말씀"을 적절
하게 이해할 수 있다.

하지만 『하박국주석』에서는 하박국서 1-2장을 분절하여서,
각각의 구절을 (우리가 위에서 이해한 것과 같은 식의) 전체적
인 맥락을 무시하고 새로운 역사적 상황에 각기 적용시켰다.
전체적인 문맥을 고려한다면 하박국 1:13("눈이 정결하여 악
을 보지 못하며 불의를 보고만 계시지 못하시는 주께서 어찌
하여 배역한 자들을 보고만 계시며, 악한 자가 자기보다 의로
운 자를 삼킬 때에 잠잠하십니까?")의 전체적인 진술은 분명
하나님께 대한 하박국 선지자의 항거로서 제시된 것이지만,
『하박국주석』에서는 이 구절에 담긴 문장들을 분절하여 "눈이
정결하여 악을 보지 못한" 자를 하나님이 아닌 의로운 남은 자
들을 가리키는 것으로 해석하면서, 동시에 "배역한 자들을 보
고만 있으면서, 악한 자가 자기보다 의로운 자를 삼킬 때에 잠

잠한" 자는—역시 하나님이 아닌—"압살롬의 집"이라고 불리
는 무리로 해석했다. 또한 하박국 1:12에서 (하박국 선지자에
따르면) 심판과 징벌을 시행하는 대리자는 갈대아인이지만,
『하박국주석』에서는 심판을 행하는 자들을 의로운 남은 자들
로 해석한다. 쿰란의 하박국 주석가들은 자신들이 처한 상황
에 성경 본문을 적용하기 위하여, 본래의 자연스러운 문맥을
무시하면서, 심지어는 각 문장 사이의 논리적 관계를 뛰어 넘
기도 하였다. 이하는 하박국 1:12b과 1:13을 하박국 선지자가
의도했던 바와는 달리 해석하고 있는 『하박국주석』 본문의 일
부이다(1QpHab V 1-12).

> "당신께서는 그를 세우셔서 심판하게 하셨습니다. 반석이시여,
> 당신께서는 벌하도록 그를 세우셨습니다. 당신께서는 눈이 정
> 결하여 악한 것을 보지 못하십니다"(합 1:12b-13a). 이 말씀의
> 해석은 이러하다. 하나님께서는 자기의 백성들을 이방 민족들
> 의 손으로 멸하지 않으신다. 오히려 하나님께서는 자기의 선택
> 하신 자의 손에 모든 이방 민족들에 대한 심판을 맡기시고, 계
> 명을 지키는 자들이 행할 징벌로 인하여 고난의 때에 하나님의
> 백성 중 모든 악한 자들을 정죄할 것이다. 왜냐하면 주께서 다
> 음과 같이 말씀하셨기 때문이다. "당신께서는 눈이 정결하여 악
> 한 것을 보지 못하십니다"(합 1:13a). 이 말씀의 해석은 이러하

다. 그들은 악한 세대에 그들의 눈의 욕망을 따라 행하지 않았
다. "당신께서는 어찌하여 불신실한 자들을 바라보기만 하시고,
악인이 자기보다 더욱 의로운 자들을 삼킬 때에 침묵하십니
까?(합 1:13b). 이 말씀에 대한 해석은 압살롬의 집과 그들의 공
의회 구성원들과 관련되어 있다. 그들은 의의 교사가 징벌을 받
을 때에 침묵하였으며, '거짓의 사람'(Man of Falsehood)과 맞서
는 그를 돕지 않은 자들로, 그들의 모든 회중에서 율법을 거부
한 자들이다.

본문의 다양성 활용

쿰란의 주석에서는, 위와 같이 하나의 문장을 분절하여 각
기 달리 해석하고 있는 것과 더불어, 본문의 다양성(textual
variants: 일종의 사본학적 이문-역주)을 흥미롭게 활용하기도 한다.
쿰란 주석가들은, 여러 사본들 중 한 독법이 자신들의 목적에
적합할 경우, 대체 가능한 다른 본문들을 알고 있너라도 자신
의 목적에 부합하는 본문을 선택하여 사용했다. 주석가들이
자신의 목적에 더욱 정확하게 적용하기 위하여 성경 본문을
의도적으로 수정하기도 했다는 주장도 있지만 이를 증명하기
는 쉽지 않다.

마소라 텍스트는 하박국 1:5을 다음과 같이 읽고 있다. "너희는 민족들을 보고 또 주목하여라. 너희는 놀라고 또 놀라게 될 것이다." 그러나 『하박국주석』은 마소라 텍스트에서 "민족들을"이라고 읽고 있는 בגוים을 בוגדים("반역자들아")으로 이해한 것 같다〔하박국 주석가가 히브리 성경의 ו를 ד로 읽었다는 것이다. ב 뒤에 새로 추가된 ו는 모음적 자음으로서 단어의 의미에는 영향을 주지 않는다-역주〕. 사본이 훼손되어 인용된 하박국 1:5 본문의 문장이 완전하지 않아 확신할 수는 없지만, 하박국 페쉐르에 בגדים("반역자들아")—거짓의 사람과 한편이 되어 의의 교사를 무시하는 자들, 쿰란공동체의 새 언약을 거부한 사람들, "마지막 날에" 배반할 사람들을 가리킴—에 대한 언급이 세 차례 이상 나타나는 것을 볼 때에 가능한 이야기다. 여기에서 하박국 주석가가 하박국 본문의 단어를 בגדים이라고 썼다면, 아마도 בגדים을 "보라, 너희 멸시하는 자들아"(참조, 행 13:41에서 칠십인역 합 1:5를 인용하고 있다; 본서 제7장)라고 쓰고 있는 칠십인역의 히브리어 선본을 대본으로 사용했을 것이다.

또한 마소라 텍스트는 하박국 2:5를 다음과 같이 읽고 있다. "술은 거만한 자를 배신하여 자랑하게 한다." 하지만 쿰란 주석가들은 마소라 텍스트에서 "술"로 읽은 היין을 הון('부' 〔wealth〕)으로 읽으면서 다음과 같이 설명한다(1QpHab VIII 8-11)

이 말씀의 해석은 사악한 제사장(Wicked Priest)과 관련되어 있다. 그가 처음 직무를 시작할 때에는 진리의 사람으로 불렸지만, 이스라엘을 다스리면서부터 그의 마음은 높아져 하나님을 배반하고, 부를 위하여 율법을 버렸다.

이어서 하박국 주석가는 하박국 2:6에 나타난 "자기 것이 아닌 것을 많이 모으는" 사람을 이 사악한 제사장과 동일시한다.

[사악한 제사장은] 하나님을 배반하고, 백성들을 수탈함으로써 부를 축적하였다. 또한 그는 온갖 악한 방식을 가리지 않고 부정을 행하였다. (1QpHab VIII 11-13).

하지만 주석가가 하박국 2:5에 나타난 단어를 הון가 아닌 היין("술")로 읽었다 하더라도 이 단어를 사악한 제사장에 관한 것으로 해석한 것 자체는, 하박국 2:15-16에 대한 주석에서 제사장이 몰락한 원인으로 "자신의 목마름을 채우기 위하여 만취하도록 술을 마신 것"(1QpHab XI 1-15)을 언급하고 있는 것을 고려할 때에, 적절하다고 볼 수 있다.

방금 언급했던 하박국 2:15-16은 주석가들이 사용했던 다양한 독법에 대한 실례를 잘 보여준다. 마소라 텍스트는 하박국 2:15-16을 다음과 같이 읽는다. "자신의 이웃에게 술을 먹이면서 자신의 분노를 더하고, 만취하게 하여 그들의 벗은 것을 보려고 하는 사람은 화가 있을 것이다. 네가 영광보다 수치로 배부를 것이며, 너 역시 마시고 너의 할례 받지 않은 것을 드러내게 될 것이다. 주의 오른손의 잔이 네게로 돌아올 것이니, 수치가 네 영광을 가리게 될 것이다!" 많은 번역가들 및 편집가들은 이 본문이 이상하다고 느꼈기에, 예를 들어 RSV에서는, "자신의 분노를 더하고"를 "자신의 진노의 잔으로"로 바꾸었고, "할례 받지 않은 것"을 "비틀거림"으로 대체하였다. 이러한 RSV의 독법은 헬라어역과 시리아어역의 지지를 받는데, 특히 후자의 예는 쿰란 주석가들의 구약성경 독법에 의해서도 지지를 받는다(즉, 『하박국주석』은 הערל(MT, "할례 받지 않은 것")을 הרעל("비틀거림")으로 읽었다). 여기에서 하박국의 주석가들은 2:15의 마지막 단어인 מעוריהם(MT, "그들의 벌거벗음")을 מועדיהם("그들의 거룩한 절기")으로 읽기도 하였다. 이하는 이 문제와 관련된 『하박국주석』 본문이다(1QpHab XI 2-15).

"자신의 이웃에게 술을 먹이면서 자신의 분노를 더하고(RSV, 자신의 진노의 잔), 또한 그들이 취한 것을 그들의 거룩한 절기

〔MT, 그들의 벌거벗음〕때에 보려고 하는 자에게 화가 있을 것이다!"(합 2:15). 이 말씀의 해석은 사악한 제사장과 관련이 있다. 그는 뜨거운 분노로 의의 교사를 삼키려고 했다. 그를 발견한 곳에서 거룩한 절기〔MT, 벌거벗음〕의 마지막 날, 곧 속죄일에 그들을 삼키고자 했으며, 안식의 날인 금식의 날에 그들을 비틀거리게 만들었다. "너는 영광 대신에 수치를 드러내었다. 너나 마시고 비틀거려라〔MT, 할례 받지 않은 것을 드러내라!〕주의 오른손에 들린 잔이 네게로 돌아올 것이니, 수치가 네 영광을 가리게 될 것이다!"(합 2:16). 이 말씀의 해석은 수치가 영광보다 큰 제사장에 관한 것이다. 이는 그 제사장의 마음에 할례를 하지 않고, 자신의 목마름을 채우기 위하여 술 취한 길을 걸었기 때문이다. 그러나 [하나님]의 진노의 잔이 그를 삼키며, 그의 [수치와] 고통을 더하게 할 것이다.

이후에 쿰란의 주석가가 하박국 2:16을 다루면서 "제사장의 마음에 할례를 하지 않고"라고 언급한 것에 비추어 볼 때, 2:16 본문에서 "할례 받지 않은 것(הערל)을 드러내라"라고 읽고 있는 마소라 텍스트의 독법을 알고 있었음이 분명하다. 또한 어떤 사해사본 학자들은 하박국 2:15의 해석 부분에 나타난 "그를 발견한(추방한) 곳"(אבית גלותו)이라는[2] 어구를 "그를 벌거벗기려 하고"(אבות גלותו)라고[3] 이해하기도 했는데〔즉, י

를 ۱로 보았다는 말이다-역주), 만일 그러한 이해가 옳다면 주석가들이 마소라의 독법—2:15의 마지막 단어인 מעוריהם("그들의 벌거벗음")이라고 읽는—도 알고 있었을 수도 있다. 어떠한 경우이든 『하박국주석』 본문 자체만 보아서는 판단하기 어렵다. 이와 관련하여 T.H. 개스터(Gaster)는 מועדיהם("그들의 절기")이라는 독법이 하박국 주석가의 목적에 적합했기에 선택하였을 것이라고 주장했다.[4]

알레고리

쿰란 주석가들은 문장을 세분화하거나 다양한 독법들 중 하나를 신중히 선택하더라도 자신들의 상황에 적절한 의미가 발생하지 않을 때에 알레고리적 해석을 사용하기도 했다. 예를 들자면, 하박국 2:17에 나타난 "레바논"과 "짐승"은 본래 갈대아 군대에 의하여 레바논의 백향목이 잘려지고 그곳에 살고 있는 동물들이 사냥 당하게 될 것을 의미한다. 하지만 이러한 문자적인 의미는 쿰란 주석가들의 시대 상황에 적용될 수 없었다. 이에 하박국 주석가는 다음과 같이 해석했다(1QpHab XI 17-XII 5).

"레바논에 강포를 행한 것과 짐승들을 잔인하게 죽인 행동이 너를 덮칠 것이다"(합 2:17). 이 말씀의 해석은 사악한 제사장과 관련이 있다. 그가 가난한 자들에게 행한 대로 그 역시 보응을 받게 될 것이다. 레바논은 공동체의 공의회를 뜻하고, 짐승은 율법을 지키는 유다의 순진한 자들을 의미한다.

T.H. 개스터의 제안과 같이,[5] 쿰란의 공의회 구성원들의 흰색 옷을 입는 관습으로 인해 "레바논"("레바논"의 아랍어 어원은 '흰색'을 의미한다-역주)이 공동체의 공의회를 의미할 수도 있었겠지만, 그러한 석의 역시도 알레고리적이다.

제1동굴의 미가 페쉐르에 나타난 미가 1:5b("유다의 산당이 무엇이냐? 예루살렘이 아니냐?")에 대한 해석은 본문의 본래 의미와 더욱 동떨어져 있다.

이 말씀의 해석은 의의 교사와 관련되어 있다. 그는 자신의 공의회 및 하나님의 선택된 백성이 되고자 원하는 모든 자들에게 율법을 가르친다. 그들은 공의회에서 율법을 행하는 자들로서, 심판의 날에 구원을 받게 될 것이다. (*DJD* I, 78; 1QpMic VIII-X 6-9).

이러한 형태의 알레고리적인 해석은 쿰란의 주석이 아닌 다른 쿰란문헌들에 나타난 알레고리 해석과 일관성을 보인다.

재해석

이러한 해석 과정에서 쿰란 주석가들은 선지자들의 예언을 어떤 식으로든 새로운 상황—그들이 믿는바 마지막 세대인 현재의 상황—에 적용하려 했다. 이때 구약성경은 매우 큰 규모로 재해석되는데, 이러한 식의 재해석은 구약 자체 내에서도 발견된다. 우리가 앞서 살핀바, 예레미야 25:11-12(참조, 29:10)의 칠십 년이 다니엘 9:24-27에서 칠십이레로 재해석된 것이 이에 해당하며, 또한 발람의 예언에서 언급된 "깃딤의 배들"(민 24:24)이 다니엘 11:30에서 로마의 함선을 가리키는 것으로 재해석된 경우 역시 이에 해당한다. 실제로 구약 자체에서 깃딤을 로마로 지칭한 것(아마 그러한 의미로 처음으로 사용한 예)은 쿰란문헌에서 깃딤을 로마로 재해석하는 것의 직접적인 근거가 되었을 것이다.

하박국 페쉐르의 서두에 나타난, "내가 갈대아 사람을 일으킬 것이니, 그들은 넓은 땅을 다니면서 자기의 것이 아닌 거처들을 점령하는 자들이다"(합 1:6)라는 신적 경고는 다음과 같이 재해석되었다(1QpHab II 12-14).

이 말씀의 해석은 빠르고 전쟁에 능한 깃딤과 관련이 있다. 깃 딤은 민족들을 사납게 파괴하여, 자신들의 통치 아래에 두는 자 들이다.

몇몇 학자들은 깃딤이라 불리는 이 강한 침략자들을 셀류키 드의 군대와 동일시하기도 하지만, (또 다른 증거들을 고려한 다면) 이는 로마에 관한 묘사일 가능성이 크다.

여기에서 흥미로운 것은, 하박국이 자신보다 앞선 세대 선 지자의 언어를 재해석하거나, 적어도 반향〔echo: 일종의 간접 인용 을 가리키는 용어-역주〕하고 있다는 점이다. 예컨대, 하나님께서는 앞서 이사야 선지자를 통하여 다음과 같은 표현으로 앗수르의 침략을 예고하신 적이 있다. "이 백성이 입으로는 나를 가까이 하며 입술로는 나를 존경하나, 그 마음은 내게서 멀리 있으니, 그들이 나를 경외하는 것은 사람의 계명으로 가르침을 받았을 뿐이다. 그러므로 보라, 내가 이 백성을 기이하고 기이한 일들 로 다시 놀라게 할 것이다. 그들 중 지혜로운 자들의 지혜는 없 어질 것이며 명철한 자들의 명철은 사라질 것이다"(사 29:13-14). 이와 유사하게 후대의 하박국 선지자는 하나님께로부터 갈대아의 침략에 대하여 받은 경고를 다음과 같이 이야기했 다. "너희는 민족들을 보고 또 주목하여라. 너희는 놀라고 또 놀라게 될 것이다. 너희 생전에 내가 정녕 그 일을 행할 것이니 너희가 들어도 믿지 않을 것이다".

그러나 후대의 선지자들이 앞선 선지자들의 예언을 반향하거나 재적용 하고 있다는 것은 선대의 위기 상황에서 주어진 하나님의 메시지가 새롭게 주어진 상황과 관련이 된다는 것을 의미한다. 그렇지만 쿰란 주석가들이, 예를 들어, 하박국 주석가가 다음과 같은 식으로 생각했는지는 분명하지 않다. '하박국 시대에 갈대아인들의 침략에 대하여 적용되었던 말씀은 분명 현 시대에도 적용될 수 있을 것이다.' 사실 최근의 많은 기독교 설교자들은 선지서를 해설하면서 이러한 식으로 접근하곤 한다. 하지만 하박국 주석가는 이렇게 생각했을 것이다. '나의 시대에 발생한 이 상황은 하나님께서 자신의 뜻을 하박국에게 계시하실 때에 염두에 두셨던 바로 그 상황이며, 의의 교사에게 주어진 더욱 깊은 계시로 인하여, 나는 하박국의 예언이 가리켰던 사람들과 시대들을 더욱 명확하게 알 수 있다.' 우리는 하박국 주석가의 방법론을 재해석의 일종으로 부를 수 있겠지만, 주석가는 그 당시에 그렇게 생각하지 않았을 것이다. 쿰란 주석들에 나타난 페쉐르는 선지자들의 예언을 재해석한 것이 아닌 예언의 의미 그 자체, 곧 진정한 해석이었다. 더불어 이러한 해석에 따르자면, 의의 교사는 단지 구약의 말씀에 대한 신적 영감을 받은 해석자일 뿐 아니라, 그의 사역 자체가 말씀을 성취하는 것이었다.

정리

우리는 이미 쿰란의 성경 주석에 나타난 성경 해석의 원리를 세 가지 명제로 정리한바 있다(본서 제1장). 여기에서 이상의 연구를 토대로 이 세 가지 원리들이 작동하는 방식을 네 가지 명제로 표현하면 다음과 같다.

(1) 성경 본문의 문장들은 주석가의 시대 상황에 적절한 의미를 산출하기 위하여 문장을 분절하여 해석될 수 있다. 이때 성경 본문에서는 일관성을 찾을 수 없겠지만 새로이 주어진 상황 안에서는 논리적인 일관성이 발견된다.

(2) 다양한 독법이 있을 때에 주석가의 목적을 가장 적절하게 뒷받침해주는 독법이 선택될 수 있다.

(3) 성경 본문과 새로운 환경 사이의 관계가 성립되지 않는 경우에는 알레고리적 해석이 사용될 수 있다.

(4) 특정한 때를 언급하고 있는 성경의 다양한 예언들은 재해석되어 의의 교사가 활동하는 종말의 때에 적용되고, 예언의 말씀들은 의의 교사의 사역 자체에도 어느 정도 적용된다.

III. 추기(Note)

페쉐르가 해석자에게 주어지는 것을 달리 표현하자면, 신비한 것이 해석자에게 계시〔감추인 것이 드러남-역주〕되었다고 말할 수 있을 것이다. "하나님께서는 자신의 종인 선지자들에게 말씀하신 모든 신비한 것들을 〔의의 교사에게〕 알게 하셨다"(1QpHab VII 4-5). 이와 같이, 다니엘은 "오직 신비한 것들을 계시하시는 분은 하늘의 하나님이십니다"(단 2:18)라고 말했다. 느부갓네살 왕은 꿈의 형태로 신비한 것을 하나님께 받았지만 그 꿈은 그저 신비일 뿐이었다. 하지만 하나님께서는 밤중의 환상으로 신비한 것을 다니엘에게 계시하셔서, 느부갓네살 왕으로 하여금 그 꿈의 의미를 알게 하셨다. 또한 사해사본에 속한 『감사찬양』(*Hymns of Thanksgiving*)의 화자는 하나님께서 그에게 "놀라운 신비"(רז פלא)를 계시해 주셔서 다른 이들에게 신비를 해석해 줄 수 있게 되었다고 반복적으로 이야기하였다. 이하의 예를 살펴보자.

당신께서 주신 지식으로
제가 이것들을 알게 되었습니다.
이는 당신께서 제 눈을 열어

놀라운 신비를 보게 하셨기 때문입니다.

(1QH I 21 = 1QHª IX 21)

당신께서 저로 하여금

의를 선택한 자들을 위한 깃발로 세우셨고,

놀라운 신비의 지식을 가진

복된 해석자로 세우셨습니다.

(1QH II 13 = 1QHª X 13)

당신께서 당신의 놀라운 신비를

제게 알려주셨고,

당신께서 놀라운 비밀의 모임에서

당신의 능력을 제게 보이셨으며,

당신의 영광을 위하여 놀라운 일들을

많은 사람들에게 행하셨고,

당신의 능력을

모든 살아있는 것들에게 보이셨습니다.

(1QH IV 27-29 = 1QHª XII 27-29)

『감사찬양』이 말하고 있는 놀라운 신비는, 다니엘서에서 계시된 것과 같이, 종말에 드러나게 될 하나님의 뜻과 관련이 있다. 이 하나님의 뜻은 현재 하나님이 계신 하늘에 기록되어 있으며(1QH I 23-24 = 1QHᵃ IX 23-24; 참조, 단 10:21의 "진리의 책"), 정한 때가 이르면 땅 위에서 사건들의 형태로 드러나게 될 것이다.

이 『감사찬양』에 나타난 화자가 의의 교사인지의 여부는 논쟁 중에 있다. 물론 쿰란공동체 구성원들에 따르면 계시를 받은 이는 바로 의의 교사가 분명하지만, 의의 교사에게 계시를 전달 받은 각각의 공동체 구성원들 역시—마치 우리가 그러하듯이—"계시를 받았다"라고 말할 수 있었기 때문이다. 따라서 이 본문들만을 가지고 『감사찬양』의 화자를 추측할 때에, 특정 인물로 구체화하기보다 공동체의 지도자나 발언권을 가지고 있는 대표자 정도로 보는 것이 가장 안전할 것 같다.

제2장
새로운 상황

I. 새로운 상황에 대한 증거들

새로운 상황을 추측하기 어려운 이유

쿰란 주석가들이 구약의 예언서를 적용했던 새로운 상황이 정확히 언제인지 명확하게 규명하기는 쉽지 않다. 쿰란공동체에 따르면 이 상황이 종말의 시기나 종말 직전의 때를 가리키고 있는 것은 분명하지만, 기대하던 형태의 종말이 그 당시에 도래한 것은 아니었다. 그렇다면 이 쿰란문헌에서 말하고 있는 새로운 상황은 역사적으로 어디에 위치하고 있는가? 쿰란의 주석가들은 암시적이고도 모호한 언어를 사용하기에 쿰란주석이 지칭하고 있는 특정 인물이나 사건에 대한 학자들의 의견은 상당한 차이가 있다. 어떤 학자는 이 새로운 상황이 안티오쿠스 4세의 통치와 하스모니아 반란 시기에 속한 것이라고 추측하며(주전 175-163년),[6] 어떤 학자들은 주후 66년에 있었던 로마에 대한 반란과 관련이 있다고 주장하기도 한다.[7] 또 어떤 이들은 이 혼돈의 기간 어딘가에 위치하고 있다고 이야기한다.

이를 추적하기 어려운 한 가지 이유는 쿰란문헌의 주요한 인물들이 고유명사로 나타나는 것이 아니라 묘사적으로 서술되기 때문이다. 말하자면, 쿰란문헌에는 '의의 교사'(Teacher of Righteousness)나 '사악한 제사장'(Wicked Priest), '거짓의 사람'(Man of Falsehood), '쉬운 것을 찾는 구도자들'(Seekers after Smooth Things)로 묘사되는 인물들이 수없이 나타나고 있다는 것이다. 하지만 제2성전기 역사 안에는 이와 같이 묘사될만한 인물들이 매우 많다. 의의 교사를 따르던 수많은 종교적 약자들이 사악한 제사장의 박해에 반발하면서 쉬운 것들을 찾는 구도자들과 거짓의 사람을 따르는 다수를 비판하였다. 고유명사로 지칭된 인물들은 드물게 나타나긴 하지만 너무 단편적이어서 안타깝게도 그 문맥을 파악하기가 쉽지 않다. 이와 관련한 예로써 제4동굴에서 발견된 『나훔주석』을 생각할 수 있다. 여기에는 "헬라의 왕 [데메]트리우스가 쉬운 것들을 찾는 구도자들의 도움을 받아 예루살렘에 들어가려고 하였다"(4Q169 = 4QpNah 3-4 I 2)라는[8] 언급이 나타난다. 그런데 셀류키드 왕조

에는 데메트리우스라고 불린 세 명의 왕이 있었기에, 여기에
서 어떠한 데메트리우스를 가리키는지 분명하게 말하기 위해
서는 더욱 많은 문맥이 필요하다. 그렇기에 우리는 『나훔주석』
에서 언급된 데메트리우스가 어떤 한 데메트리우스를 가리키
고 있을 확률이 높다고 말하는 것에 만족해야 할 것이다. 『나
훔주석』의 이 부분을 다루었던 첫 번째 편집자인 J.M. 알레그
로(Allegro)는 이것이 알렉산더 얀네우스(Alexander Jannaeus)(주전
103-76년)의 적대적인 유대 정책의 일환으로 유대 지역을 침
략했던 데메트리우스 3세(주전 9?-88년)를 지칭하고 있는 것
이라고 추측했다. 반면, H.H. 로울리(Rowley)는 대제사장 알키
무스(Alcimus)와 그 지지자들의 선동으로 예루살렘을 정복하기
위하여 니카노르(Nicanor) 장군을 보내었던 데메트리우스 1세(
주전 162-150년)라고 생각했다(마카비1서 7:26).[9] 그뿐 아니
라 유다 마카비의 형제 요나탄에 대항하여 군사를 보냈던 데
메트리우스 2세(주전 145-139/8년)일 가능성도 있다(마카비1
서 11:63). 필자의 견해로는 데메트리우스 3세가 가장 유력하
지만, 독단적으로 확언하기는 어렵다.

안티오쿠스

『나훔주석』에 나타난 데메트리우스에 관한 언급 바로 다음 행(4Q169 3-4 I 3)에는 더욱 특징적인 명사가 나타난다. 나훔 주석가는 예루살렘과 관련하여 다음과 같이 분명히 말하고 있다. "[예루살렘은 결코] 안티오쿠스에서부터 깃딤의 통치자들이 일어나기까지 헬라 왕의 손에 넘어간 적이 없지만, 이제는 짓밟히게 될 것이다." 여기에서 언급된 안티오쿠스는 프톨레미의 통치 아래에 있던 유대 지역을 셀류키드의 권속으로 복속시킨 안티오쿠스 3세(주전 223-187년)이거나, 하스모니아의 반란이 시작한 시대의 안티오쿠스 4세(주전 175-163년), 혹은 (더욱 가능성 있는 것으로) "깃딤의 통치자들이 일어나기 전의" 통치자로서 안티오쿠스 6세(주전 138-128년)—63년에 폼페이우스가 들어오기 전에 예루살렘 성벽을 파괴한 마지막 이방 통치자(주전 130년경)이다—일 수도 있다. 또한 여기에서 깃딤은 헬라가 아닌 로마를 가리키는 것이 자연스럽기에, "깃딤의 통치자들"은 폼페이우스가 유대 지역에 들어온 이후에 팔레스타인과 그 인접 지역들을 정복했던 로마의 통치자들 및 로마 장군들로 볼 수 있다.

물론『나훔주석』독자들은 이 암시적인 용어들이 가리키는

대상이 누구인지를 매우 분명하게 알았을 것이지만, 우리는
그들이 가지고 있었던 만큼의 확신을 가지기는 어렵다.

깃딤

우리가 살폈던 바와 같이 『나훔주석』과 『하박국주석』에서
언급되고 있는 깃딤은 종국적으로 하나님의 백성들을 압제했
던 이방인들이다. 깃딤이 유대 지역을 정복했던 것은 이스라
엘의 악한 통치자들에 대한 하나님의 심판을 상징한다. 이스
라엘의 악한 통치자들 중에는 사악한 제사장이 속하여 있으
며, 우리가 여러 번 다루었듯, 사악한 제사장에게 압제를 당한
자들 중에는 의의 교사도 있었다. 하지만 깃딤도, 앞선 시대에
이스라엘을 압제했던 다른 이방 민족들—예컨대, 이사야서의
앗수르나 하박국서의 갈대아—과 마찬가지로, 이스라엘 백성
들을 매우 잔혹하게 압제할 것이며, 이로써 하나님의 보응을
받게 될 것이다. 이때 깃딤에 대하여 하나님의 심판을 행사할
사람들은 바로 이방인들에게 압제를 당하면서도 여전히 하나
님을 신실하게 신뢰했던 자들이다. 이러한 전반적인 상황과
관련하여 하박국 주석가는 하박국 2:8("네가 많은 백성〔본래 사
전적 의미는 '민족'이지만, 『하박국주석』 문맥상 '백성'으로 번역하는 것이 적

합하다-역주)들을 약탈하였으므로 남아있는 모든 민족들이 너를
약탈할 것이다")을 다음과 같이 해석했다.

> 〔"네가 많은 백성들을 약탈하였으므로 남아있는 모든 민족들이 너를 약탈할
> 것이다"(합 2:8).〕 이 말씀의 해석은 예루살렘의 마지막 제사장들
> 과 관련되어 있다. 그들은 백성들을 수탈하여 부와 부당한 이익
> 을 축적할 것이다. 하지만 그들이 수탈하여 얻은 부는 깃딤 군
> 대의 손에 들어가게 될 것이다. 왜냐하면 그들〔깃딤〕이야말로
> "남은 민족들"(합 2:8a)이기 때문이다. (1QpHab IX 4-7).

더 나아가 우리가 하박국 1:12에 관한 주석에서 확인했던 것
처럼 이 이방 민족은 선택을 받은 하나님의 백성에 의하여 심
판을 받게 될 것이다.

> 하나님은 자신의 백성을 〔이방〕 민족들의 손으로 멸하지 않으시
> 고, 반대로 그분의 선택하신 자들의 손으로 모든 민족들을 심판
> 하실 것이다. (1QpHab V 3-4).

하나님의 선택을 받은 백성들이 다른 민족들, 특히 깃딤을
어떻게 심판할 것인가 대해서는 『전쟁규율』〔Rule of War〕에 구
체적으로 묘사되어 있다. 『전쟁규율』에서 우리는 "빛의 자녀

들"이 "어둠의 자녀들"인 "벨리알의 군대"—여기에는 "에돔과
모압, 아모리, 블레셋과 앗수르의 깃딤 군대 및 이들과 동맹을
맺은 언약을 배반한 자들"이 포함되어 있다—와 어떻게 싸우
는지를 볼 수 있다. 이 중에서 앗수르의 깃딤이 가장 수효가 많
고 가장 강성한 것이 분명하다. (앗수르의 깃딤은 분명 시리아
지역에 위치하고 있는데, "애굽에 있는 깃딤 왕"이라 불리는
왕 역시 이 전쟁에 참여하였다.) "빛의 자녀들"은 엄청난 희생
을 당하겠지만 결국은 하나님의 도우심으로 승리할 것이며,
"앗수르는 아무 도움을 받지 못한 채 몰락하고, 깃딤의 권세는
끝나게 될 것이다. 그들의 악함은 사라지게 될 것이며, 남아있
는 자는 하나도 없을 것이요, 어둠의 자녀들은 아무도 도망가
지 못할 것이다"(1QM I. 6-7).

　우리는 현재 깃딤이 지칭하고 있는 민족에 관하여 살펴보고
있기에 여기에서 발견할 수 있는 성경 해석 방식의 함의는 추
후에 다루려 한다(본서 제6장). 이때 "앗수르의 깃딤"을 셀류
키드로, "애굽의 깃딤"을 프톨레미로 보는 것이 자연스러울 수
있겠지만, 『전쟁규율』에는 셀류키드가 유대 지역을 통치하던
시기 이후의 특징들이 발견된다. 곧, 『전쟁규율』에 나타난 군
사조직은 로마의 군사 모델에 기초하고 있는 것처럼 보인다.
빛의 자녀들에게 요구된 전투 형태는 헬라의 '팔랑크스'
〔phalanx: 밀집한 중장보병으로 구성된 고대 그리스의 전투 대형-역주〕라기

보다는 주전 1세기 로마의 '트리플렉스 에시스'〔*triplex acies*: 3열
의 기병대로 이루어진 로마의 전투 대형-역주〕에 가까우며, 전투에 사
용된 무기와 나팔, 전술마저도 로마식이다.[10] 이는 요세푸스
〔Josephus〕가 주후 66년 갈릴리의 반란군을 묘사했던 것과 매우
흡사하다.[11] 이처럼 『전쟁규율』이 로마 시대의 산물이라면,
『전쟁규율』 저자와 독자들이 과거에 있었던 셀류키드나 프톨
레미 군대와의 치열한 전투를 위하여 부름을 받았다고 상상하
는 것은 말이 되지 않는다. 따라서 이 문헌에서 깃딤은 분명 로
마—앗수르 지역을 차지하고 애굽에 기초를 둔 로마 군대—를
가리킨다. 이때 "깃딤의 왕"이라는 표현은 문제가 되지 않는
다. 로마 제국에 '왕'〔*rex*〕은 없었지만, 로마 황제는 동방 지역에
서 헬라 칭호인 βασιλεύς(왕)로 알려져 있었기 때문이다. 이에
아우구스투스가 로마 제국을 건설하기 전에(주전 42년부터
31년까지) 왕보다 더욱 큰 권력을 가졌던 안토니우스와 같은
이들이 "깃딤의 왕"으로 불리기에는 손색이 없었다.

악한 통치자들과 사악한 제사장

    만일 깃딤이 로마를 의미하고, 로마의 침입은 의의 교사를
핍박하는 악한 통치자들에 대한 하나님의 심판을 상징한다면,

이때 악한 통치자들은 하스모니아 왕조의 제사장-왕일 것이
다. 이는 예루살렘의 마지막 제사장들〔하스모니아의 제사장〕이 백
성들을 수탈하여 얻었던 부가 "깃딤의 군대"의 손에 떨어지게
된다는 쿰란 주석가의 하박국 2:8에 대한 해석과 곧잘 어울린
다. 하스모니아의 통치자, 특히 요한 휘르카르누스 1세(주전
135-104년) 및 그의 두 아들인 아리스토불루스 1세(주전 100-
103년)와 알렉산더 얀네우스(주전 103-76년)는 주변 민족들
에 대해 파괴적인 전쟁을 벌였는데, 특히 얀네우스는 그러면
서도 정복과 약탈에 대한 욕구를 충족시키지 못했다. 필자는
어디에선가 이 얀네우스가 바로 『하박국주석』의 사악한 제사
장일 것이라고 추측한 바 있다.[12] 얀네우스는 폭음으로 인한
질병에 걸려 비참하게 죽어갔으며,[13] 그가 일삼은 악한 행동들
로 인한 심판은 그의 가족 및 그를 지지하는 자들에게까지 주
어졌다.

진노의 사자

필자는 쿰란의 『나훔주석』에서 언급된 데메트리우스가 주
전 88년경 반유대 정책의 일환으로 얀네우스의 영토를 침략한
데메트리우스 3세일 가능성이 높다고 추론한 바 있다. 이 『나

훔주석』 본문의 동일한 단락에서 더 아래 부분을 보면 (안타깝
게도 손상이 되었지만) "진노의 사자"(כפיר החרון)라고 불리
는 인물에 관한 설명이 나타난다.

> [진노의 사자]는 쉬운 것들을 찾는 구도자들을 산 채로 매달아
> 두게 함으로 보복하였는데, 이는 이스라엘에서는 행해지지 않
> 던 일이었다. 이는 성경이 산 채로 나무에 매달아 놓는 것에 관
> 하여 ….[14]

성경은 "나무에 달린 자는 하나님께 저주를 받은 것"(신
21:23)이라고 말하고 있지만, 『나훔주석』 필사자는 마지막에
"저주를 받은 것"이라는 불길한 말을 쓰지 못한 것이 분명하
다. 신명기 21:22-23에 묘사된 매달린 자에 관한 것은 시체에
관한 것이었지만(참조, 수 10:26-27), 『나훔주석』에서 언급된
것은 끔찍하게도 살아있는 사람에 관한 것이었다. 안티오쿠스
에피파네스가 신실한 유대인들을 잡아다가 "그들이 살아서 숨
쉬고 있을 때에"(Josephus, *Ant.* 12:256) 십자가에 달았던 것은
분명하지만 그는 이방인이었다("진노의 사자"는 유대인이다-역주).
얀네우스의 시대까지 그러한 일은 "이스라엘 안에," 말하자면
고대 이스라엘에 이르기까지, 우리가 아는 한, 결코 존재한 적
이 없었다. 하지만 얀네우스는 자신에게 반기를 든 800명의

유대인들에게 이와 같이 행하였다.[15] 앞서 다루었던 사악한 제
사장이 가리키는 것이 얀네우스이든 더욱 초기의 하스모니아
통치자이든 간에,[16] 필자의 생각에, 여기에서는 진노의 사자가
얀네우스를 가리키고 있다는 것에는 의심의 여지가 없다. 또
한 『나훔주석』에서는 진노의 사자에 의하여 십자가에 달린 사
람들을 "쉬운 것들을 찾는 구도자들"로 묘사하고 하고 있는데,
이러한 언급은 쿰란문헌에서 몇 차례 확인할 수 있다. 쿰란공
동체는 "쉬운 것들을 찾는 구도자들"을 전혀 인정하지는 않았
지만 "산 채로 매달았던 것"에 대해서는 불경한 행위라고 비판
하였다. "쉬운 것들을 찾는 구도자들"은 분명 더욱 큰 헌신을
요구하는 쿰란공동체와 경쟁 관계에 있는 종교 분파였을 것이
다. 필자는 전반적으로 그들이 바리새파였을 것이라고 추측하
고 있다. 우리는 바리새파가 얀네우스의 통치에 전면적으로
반대함으로써 박해를 받았다는 것을 익히 알고 있다. 실제로
랍비전승에서도 "얀네우스 왕이 랍비들을 죽였다"는 언급이
반복된다.[17] 하지만 바리새파가 얀네우스의 아내이자 계승자
인 살로메 알렉산드라(주전 76-67년)의 짧은 재임기간 동안
우위를 점한 적도 있었다. 이에 관한 증거는 쿰란문헌에 어느
정도 보존되어 있다.[18]

　사악한 제사장이 의의 교사와 그의 제자들을 박해하기는 했
지만, 우리가 현재 가지고 있는 문헌들 안에는 의의 교사가 사

악한 제사장의 손에 죽었다는 기록은 없다. 『나훔주석』내에도 의의 교사가 진노의 사자에 의해 십자가에 달려 죽었다는 것을 지지할만한 분명한 근거는 없다.

쿰란공동체의 파괴

우리는 쿰란문헌이 파편적으로 제공하고 있는 자료들을 다루면서 쿰란공동체의 본거지인 키르벳 쿰란(Khirbet Qumran)의 발굴과정에서 밝혀진 고고학적인 증거들을 고려할 필요가 있다. 키르벳 쿰란은 주전 2세기 말부터 주후 68년 어간까지 쿰란공동체에 의하여 차지된 것으로 보이는데, 헤롯의 통치 (전체는 아니지만) 상당 기간 동안(주전 37-4년)은 비어있었다〔헤롯이 주전 4년에 죽은 후 쿰란 공동체는 다시 돌아왔다-역주〕. 주전 31년에 있었던 지진의 피해로 본거지가 버려졌을 수도 있지만, 구성원들은 지진이 발생하기 전에 이미 그곳을 떠났을 가능성이 더욱 크다. 우리는 쿰란공동체가 떠난 것이, 주전 40년에 파르티아인의 침략과 하스모니아 왕가의 복직과 같은 정치적인 변화와 관계가 있는지, 혹은 헤롯이 자신의 왕국을 회복하기 전에 발생한 싸움—여리고 지역에서 발생한 것이긴 하지만—과 관련이 있는지 확신할 수 없다.[19] 주전 1세기 말, 공동체의 본

진은 재건되었고, 이후에 어떤 군대에 의하여 멸망하기 전까지는 지속되었다. 키르벳 쿰란에서 발견된 동전을 증거로 구명해 볼 때에, 이 파괴는 로마의 베스파시아누스 군대에 의한 것이 분명하다. 베스파시아누스의 군대는 주후 68년 여름에 여리고를 점령하였으며, 이듬해 여리고에 주둔군을 남기고, 나머지는 예루살렘을 향하여 진군하였다. 그리고 쿰란공동체는 사라졌다. 그 이후의 운명은, 흥미로운 주제이긴 하지만,[20] 현재 우리의 관심을 벗어난다.

II. 새로운 상황의 재구성

그렇다면 우리는 쿰란의 성경 해석의 배경이 되는 새로운 상황을 어떻게 재구성할 수 있는가? 이하의 윤곽은, 새로운 문헌들이 발견되면 수정될 수 있겠지만, 현재 우리의 질문에 답해줄 수 있을 것이다.

하시딤

주전 2세기 초, 유대 지역에 살고 있는 경건한 무리들은 진취적인 헬라인의 삶의 방식에 순응하게 되는 것에 대하여 염려하고 있었지만, 안티오쿠스 4세가 주전 168년에 유대인들의 종교에 대하여 자행한 일로 인하여 각성하게 되었다. 많은 사람들이 이 시기를 저항과 순교의 때로 받아들이면서, 셀류키드 세력에 저항하고 이방인들과 타협한 무리들에 대항한 하스모니아의 마타티아스(Mattathias) 가문과 협조하였다. 그러나 일부 경건한 무리들은 하스모니아가 싸우고 있는 목적이 자신들과는 다르다는 것을 알았기에 하스모니아와의 동맹의 가치를 좋게 생각하지는 않았다. 우리는 다니엘서 11:33-35에서 이 경건한 무리들에 대한 언급을 발견할 수 있다(여기에서 이들은 "지혜로운 사람들"로 묘사된다-역주).

지혜로운 사람들이 많은 사람들을 교훈하다가 칼이나 화염이나 포로나 노략질에 의해 한동안 엎드러질 것이고, 그들이 엎드러질 때에 약간의 도움을 받겠지만, 결국 많은 사람들이 술책으로 그들과 연합할 것이다. 그 지혜로운 사람들 중 일부는 엎드러져 마지막 때까지 연단 받고 정결하게 되며 정결하게 될 것이니, 이는 아직도 그 정한 때가 남았기 때문이다.

경건한 무리들에게 있어서 하스모니아의 도움은 단지 "약간의 도움"일 뿐이었다. 하스모니아가 패권을 장악하면서 왕권 및 군사력을 취하고, 더 나아가 공석이었던 대제사장직까지를 요구하면서 동맹은 와해될 수밖에 없었다. 경건한 무리로 불렸던 하시딤(חסידים) 중 다수는[21] 이후 요한 휘르카누스 1세(주전 135-104년)의 재임 초기에 하스모니아와 결별하면서 바리새파를 형성하게 된 것 같다. 하지만 우리가 현재 관심을 두고 있는 이 하시딤은 아마 바리새파와는 다른 무리일 것이다. 하시딤은 다니엘서에 나타난 משכילים(마스킬림, "지혜로운 사람들")의 계승자로 스스로 여기면서 다니엘의 환상이 언급하고 있는 마지막 날을 고대하고 있었다. 하지만 그들이 생각했던 마지막 때(이방 세력으로부터 독립한 날)는 자신들이 기대했던 것(단 12:1, "천사장 미가엘이 일어나고"; 단 12:2, "땅의 티끌 속에서 자는 자의 무리들이 깨어난다")과는 달랐으며, 또한 다니엘서가 말하는 것 같이 1335일의 끝에 온 것도 아니었다(단 12:12). 하스모니아 왕조가 유대 지역을 이방 세력으로부터 독립시키는 했지만, 그들이 왕직과 제사장직을 취한 것은 오직 사독의 후손만이 대제사장이 될 수 있다는 하시딤의 엄격한 신념과 충돌하였고, 따라서 하스모니아의 업적은

"예루살렘의 회복에 관한 말씀이 나온 때부터"(단 9:25) 칠십 이레가 찰 때에 오게 되는 영원한 의로 간주될 수 없었다. 이때 하시딤은 자신들의 역할에 대하여 분명하게 인지하지는 못했지만, 하스모니아 왕가를 지지하지도 않았고 자신들의 운명을 바리새파에 맡기지도 않았다. 이들은 주전 2세기 말엽 분명한 답을 발견하게 된다. 이러한 혼란스러운 상황에서 신적인 권위를 가지고 지도해 줄 지도자가 나타난 것이다. 이 지도자는 "의의 교사"로서, 성경을 새롭게 해석하면서 마지막 시대에 그들이 하나님의 뜻을 위하여 해야 할 역할을 분명히 가르쳐주었다.

하시딤은 자신들의 역할을 효과적으로 수행하기 위하여 유대의 혼란스럽고 부정한 삶에서 벗어나 유대 광야로 나갔고, 의의 교사는 여기에서 "자발적인 거룩" 공동체를 세웠다. 이 공동체 구성원들은 스스로 "새 언약"을 맺고, 하나님의 때가 이를 때까지 율법을 연구하며 실행하고자 했다. 이들의 행동의 성경적인 근거는 이사야 40:3이었다.

> 광야에서 주의 길을 예비하라.
> 사막에서 우리 하나님을 위한 대로를 곧게 하라.
> (1QS VIII 14)

하시딤이 광야에서 공동체 생활을 했던 것은 마치 과거 이스라엘의 광야 생활의 축소판과 같았다. 이 공동체에는 제사장들 및 레위인들의 혈통을 가진 자진 자들이 포함되어 있었기에 이들은 자신들을 "아론과 이스라엘" 공동체—즉 제사장들과 일반 백성들—로 불렀다. 또한 자신들이 스스로를 불렀던 또 다른 이름으로는 "지극히 높으신 분의 성도," "언약의 사람들," "가련한 무리," "빛의 자녀들," "하나님의 선택하신 자"가 있다. 이 모든 이름들은 하시딤이 자신들을 어떤 식으로든 영적인 이스라엘로 표현하려고 했다는 것을 보여준다. 이들은 어떠한 고난을 만나든지 하나님의 율법에 헌신함으로써 하나님의 은혜를 구하면서 더 나아가 하나님께서 잘못된 길로 나아간 동족들의 죄를 사하여 주시기를 간구하였다. 그들은 하나님의 뜻을 위한 도구로 사용되기를 원했으며, 주의 날이 도래할 때에 하나님을 대신하여 악한 자들—이스라엘 내의 불경건한 통치자들 및 이방 압제자들—을 심판하기를 기대했다. 하지만 이러한 삶의 방식이 순탄하기만 할 수는 없었다. 하스모니아의 통치자들이 자신들의 통치 정책에 극렬히 반대한 하시딤을 박해했기 때문이다. 특히 극심했던 박해자는 쿰란의 문헌들에서 "사악한 제사장"이라고 표현된 통치자였다. 쿰란문헌에 사악한 제사장의 박해가 다양하게 암시되어 있지만, 그 묘사가 불분명하기에 어떤 사람들이 어떠한 사건들에 참여하였는지 명확하게 재구성하기는 쉽지 않다. 『하박국주석』한 단락에서는 사악한 제사장이, 쿰란공동체의 속죄일 금식 의식중, 의의 교사와 그를 따르는 무리들(아마도 쿰란동굴 안에 있었던)을 덮쳐 모임을 혼란스럽게 하였다고 묘사하고 있다(본서 제1장). 쿰란공동체는 예루살렘의 성전 예식 규례 대신에 『희년서』에 나타난 달력을 따랐기에, 사악한 제사장이 속죄일의 금식의 때에 그들을 자유롭게 급습할 수 있었던 것이다.[22] (쿰란공동체가 예루살렘의 날짜 계산법을 따랐다면 사악한 제사장 역시도 속죄일 금식 규례에 묶여있었을 것이다.)

사악한 제사장과 의의 교사

사악한 제사장과 의의 교사 중 누가 먼저 죽었는지 우리는 말할 수 없다. 사악한 제사장은 죽을 때에 하나님의 심판으로 고통을 받았고, 더욱 큰 심판이 그의 친인척들에게 떨어졌다. 의의 교사는, 『사독문헌』이 말하고 있는 것과 같이(CD XIX 35-XX 1, 14), 적절한 때에 "거두어졌겠지만" 우리는 의의 교사가 죽은 방식이나 그 상황에 관하여 아무것도 이야기할 수 없다. 의의 교사가 죽지 않고 살아서 새 시대를 보았을 것이라는 추측도 있지만, 만일 그렇다면 의의 교사가 죽을 때에 그 제자들이 기대했던 장차 올 새 시대에 관한 언급은 수정되어야 할 것이다. 『사독문헌』은 의의 교사가 미래에 도래하게 될 것에 대하여 말하고 있지만(CD VI 10-11), 다시 올 의의 교사가 죽음에서 일어난 의의 교사인지, 아니면 그의 사역을 이어 받아 완성시킬 다른 의의 교사인지는 분명하지 않다(본서 제3장). 실제로 "의의 교사"라는 칭호가 그의 뒤를 잇는 지도자들에게 사용되었을 수도 있고, 이와 마찬가지로 "사악한 제사장"이라는 호칭 역시, 쿰란공동체의 관점에서, 이스라엘의 대제사장직을 불법으로 빼앗은 자에게 보편적으로 사용되었을 수 있다. 그렇다 하더라도 우리는 사해사본이 "의의 교사"와 "사악한 제사장"의 독특함을 특별히 부각시키고 있다는 것을 기억해야 할 것이다.

거짓의 사람

의의 교사의 죽음에 관하여 말하는 『사독문헌』의 한 단락에는 흥미로운 연대기적 기록이 나타난다(CD XX 14).

유일한 교사〔의의 교사〕가 거두어진 날로부터 거짓의 사람〔Man of Falsehood〕과 함께 돌아오는 전쟁의 모든 사람들이 소멸할 때까지 약 40년이었다.

이 표현은 애굽에서 나온 모든 이스라엘 군사들이 38년 내에 모두 죽었다고 증언하고 있는 신명기 2:14-26에 기초하고 있는데, 『사독문헌』의 용어들이 가리키는 바가 불분명하기에 어떤 사건을 가리키고 있는지는 확신할 수 없다. 하지만 『미가주석』에 따르면 거짓의 사람은 다른 종교 분파의 지도자로서 "단순한 사람들을 길 잃도록 인도"(1QpMicah; *DJD* I, 78) 한 것으로 보인다. 거짓의 사람은 아마도, 필자가 어디에선가 제안한 것과 같이, 시므온 벤 쉐타흐(Simeon ben Shetach)를 따랐던 바리새파일 것이다.[23] 이 바리새파는 알렉산더 얀네우스 치하에서 유대 지역으로부터 쫓겨났지만(우리는 이 바리새파를 『나훔주석』에 나타난 "쉬운 길을 찾는 구도자들"과도 연결시킬 수도 있다), 얀네우스의 아내 알렉산더 살로메가 주전 76년에 통치권을 계승하였을 때, 다시 돌아올 수 있었다(이것이 "거짓의 사람과 … 돌아오는" 이라는 표현의 의미일 것이다-역주). 우리는 또 다른 쿰란문헌에서 이 40년의 기간을 마지막 때와 밀접하게 연관시키고 있는 것도 발견할 수 있다. 그곳에서는 이스라엘 역사가 시작할 때에 40년이라는 기간과 관련한 것과 마찬가지로 이스라엘의 역사가 끝날 종말의 때에도 역시 40년의 기간과 관련해야 한다고 생각하고 있는 것 같다.[24] 어찌됐든 『사독문헌』이 말하고 있는 의의 교사가 죽은 이후 40년의 기간은 아마도 헤롯의 통치가 시작되었을 때, 곧 쿰란공동체가 그 본거지를 잠시 비웠을 즈음에 끝났을 것이다.

로마의 유대 점령

　헤롯과 쿰란공동체 사이의 관계를 조명할만한 별다른 증거는 없다. 그렇지만 사해사본에 나타난 깃딤이 로마를 지칭하고 있는 것이라면, 로마의 유대 점령에 대한 증거들은 매우 풍부하다고 말할 수 있다. 『하박국주석』에 따르면 로마(깃딤)가 유대 지역을 점령한 것은 대제사장의 권위를 사칭하고 의로운 자들을 박해한 하스모니아 왕가에 대한 심판을 의미한다. 『하박국주석』은 실제로 주전 63년 폼페이우스가 예루살렘을 점령하기 직전에 저작되었지만, 로마의 점령이 얼마나 잔학할지 매우 잘 알고 있었던 주석가는 로마 역시도 하나님의 심판을 받게 될 것이라는 확신을 가지고 독자들을 위로하였다. "악한 자들"을 심판하는 하나님의 대리자 역할을 하게 될 것으로 나타나는 쿰란공동체는 로마를 심판함에 있어서도 주도적인 역할을 하게 될 것이다. 또한 모든 이스라엘이 쿰란의 지도자를 받아들이게 될 것이고, 악이 사라지는 새 시대가 도래 하게 될 것이다. 존귀한 대제사장인 "아론의 메시아"는 이스라엘을 생명의 예배로 인도하고, "이스라엘의 메시아"는 다윗의 집의 통치자 곁에서 군사를 통솔하면서 제사장직 외의 직무를 수행하게 될 것이다.

쿰란공동체가 매우 갈망하던 하나님의 개입이 나타나지 않자—특히 주전 4년 헤롯이 죽은 후 다시 쿰란 본거지로 돌아왔을 때—이들의 역할에 대한 기대가 변경되었음이 분명하다〔승리하는 역할에서 계속해서 고난을 견디는 역할로 변경되었을 것이다-역주〕. 지금〔1959년〕까지 출판된 사해사본 자료들에 따르면, 쿰란공동체의 구약 사용에 영향을 미치고 있는 것은 주로 후기의 경험〔실패〕이 아닌 초기의 경험〔승리에 대한 기대〕이라는 것을 알 수 있다. 하지만 쿰란의 주석들에서는 구약의 선지서들을 사용하면서 가까운 미래에 해결될 것이나 쿰란공동체의 반대편에 선 제사장들이 받게 될 징벌을 묘사하고 있을 뿐 아니라, 의의 교사와 그의 제자들이 그 제사장들 아래에서 겪게 될 시험 역시 분명하게 그려내고 있다.

제3장
『사독문헌』의 구약 사용

『사독문헌』의 페쉐르

　『사독문헌』은 성경 주석으로 분류되는 문헌은 아니지만, 쿰란 주석들과 마찬가지로 구약 본문들의 맥락을 고려하기보다도 구약성경을 신실한 공동체의 역사와 관계하여서 진지하게 해석하고 있는 문헌이다. 『사독문헌』은 페쉐르 형식의 성경주석이 아니기에 이 문헌에서 페쉐르 방식의 해석을 기대할 필요는 없을 것이다. 하지만 그 저자가 페쉐르 방식으로 성경을 주해했을 수도 있기에, 『사독문헌』의 구약 해석 방식이 페쉐르가 아니라고 단정할 수도 없다.

　참고로 『사독문헌』에서 페쉐르라는 용어는 "무법의 시대"에 관하여 언급하는 맥락에서 한차례 명시적으로 나타난다 (CD IV 12-19).

이 모든 기간 동안 벨리알이 풀려나서 이스라엘을 대적할 것이다. 이는 하나님께서 아모스의 아들 이사야 선지자를 통하여 말씀하신 것과 같다. "오, 그 땅의 주민아, 두려움(פחד)과 함정(פחת)과 올무(פח)가 너희 위에 있다"(사 24:17). 이 말씀의 해석(פשר)은 벨리알의 세 가지 올가미를 뜻한다. 벨리알은 이것들을 세 가지 의로운 것으로 보이게 만들어서 이스라엘을 사로잡을 것이다. 첫째는 음행이요, 둘째는 부이며, 셋째는 성전 모독이다. 첫째 것으로부터 도망하는 자는 둘째 것에 사로잡히게 되고, 둘째 것을 피한 자는 셋째 것에 걸리게 될 것이다.

여기에서 인용된 이사야 24:17 맥락에서는 심판의 날에 세상이 사라져버리는 엄청난 대격변에 대하여 이야기하고 있는데, 『사독문헌』 저자는 이 경고를 놀라운 행동들을 일삼는 이스라엘의 지도자 계층에게 적용하였다. 왜냐하면 이 지도자들은 율법을 공동체가 이해하고 있는 것보다도 느슨하게 사용하였기 때문이다. 예를 들어, 이스라엘의 지도자들은 율법이 일부다처제나 조카와의 결혼을 허용하고 있다고 생각했다. 하지만 『사독문헌』 저자는 그러한 행위를 불법으로 간주하고 이들을 음행한 것으로 정죄하였다.

레위기 18:12 사용

지도자층이 허용했던 두 관습〔일부다처제 및 조카와의 결혼〕중, 후자의 것은 레위기 18:6-17에 나타난 금지된 결혼관계의 목록 중 삼촌과 조카 사이의 결혼에 대한 언급이 없다는 것에서 기인하였다. 어떤 사람들은 율법 입법자가 그와 같은 결혼을 금하려고 했다면, 다른 금지된 관계를 나열하듯이, 이 또한 언급했을 것이라고 주장하면서, 삼촌과 조카의 결혼이 가능하다고 생각했던 모양이다. 하지만 『사독문헌』 저자는, 레위기 18:12에 나타난바, 한 남자가 고모와 결혼하는 것이 금지되었기에, 이와 마찬가지로 한 여자가 자신의 삼촌과 결혼하는 것은 불가능하다고 생각했다.

창세기 1:27 사용

『사독문헌』에서 두 아내를 취하는 것을 금하기 위해 사용한 본문〔창 1:27〕에 대한 신약의 해석적 원리는 더욱 흥미롭다. 『사독문헌』 저자는 일부일처제를 주장하기 위한 증거본문으로 세 가지 구약 본문을 언급하였다〔CD IV 21-V 1-2〕. (1) "[하나

님께서] 그들을 남자와 여자로 창조하셨다"(창 1:27), (2) "둘
씩 방주로 들어갔다"(창 7:9, 15), (3) 통치자는 "자신을 위하여
아내를 많이 두지 말라"(신 17:17).[25] 예수께서는 두 아내를 취
하는 것의 문제가 아닌 이혼의 문제에 관하여 대답하시면서
이 세 본문 중 첫 번째 본문을 인용하신 적이 있다. 예수께서는
사람의 완악한 마음으로 인해 모세가 이혼을 허락하였다는 것
을 인정하시면서, 곧이어 "[하나님께서] 창조의 시작에 '사람
을 남자와 여자로 지으셨다'〔창 1:27〕"(막 10:6)는 말씀을 덧붙
이셨다. 이때 '창조의 시작에'(ἀπὸ ἀρχῆς κτίσεως)라는 어구는
『사독문헌』의 표현(CD IV 21, "창조의 원리[יסור הבריאה]는
하나님께서 사람을 '남자와 여자로 창조하신 것'이다")과 매우
흡사하다〔ἀρχῆς는 '시작'과 '원리'라는 뜻이 모두 있다-역주〕. 예수께서
는 이 본문들이 중혼이나 일부다처제에 대하여 말하고 있다는
것을 알고 계셨겠지만〔CD IV 21에서는 창세기 1:27은 일부다처를 비판
하기 위하여 사용되었다-역주〕, 이를 이혼의 문제를 다루기 위하여
사용하셨다. 그런데 이 창세기 1:27 본문을 『사독문헌』에서 하
고 있듯 창세기 7:9, 15나 신명기 17:17과 결합한 것이 아니라,
창세기 2:24("이러므로 남자가 부모를 떠나 그의 아내와 합하
여 둘이 한 몸을 이룰 것이다")와 결합시키셨다.

호세아 5:11, 미가 2:6 사용

또한 『사독문헌』 저자는 다른 성경의 표현들을 가져와서 결혼 율법을 어기는 사람들을 "명령(צו)을 따르는"(CD IV 19; 호 5:11) "성벽 건축가들"(CD IV 19; 겔 13:10-16)로 표현하면서 다음과 같이 부연하였다. "짜브(צו)는 설교자인데, 성경은 그들에 대하여 이렇게 말하였다. '그들은〔거짓의 물을〕끊임없이 떨어뜨리며 설교할 것이다'(미 2:6)"(CD IV 19-20). "성벽 건축가들"이라는 표현은 에스겔 13:10-16에서 언급되었는데, 이들은 바람이 불 때에 벽이 바람을 막아주기를 바라면서 금이 간 벽을 회칠로 덮는 자들이다. 또한 "명령을 따르는"이라는 표현은 호세아 5:11에 나타나는데, 여기에서 에브라임이 "명령(צו, "짜브")을 따른 것"으로 인해 심판을 받게 된다는 서술은 해석자들을 난처하게 한다〔개역성경은 "사람의 명령"을 따라서 심판을 받게 된다고 표현하였지만, 원어에는 "사람의"라는 표현이 없다. 이 역시 난처한 문장을 극복하기 위하여 번역자가 첨가한 것이다-역주〕. 호세아 5:11에 대한 헬라어와 시리아어 역본에서는 "명령을 따르는"이 아닌 "헛된 것을 따르는"이라고 번역하였는데, 이는 צו("짜브")가 아닌 שוא("샤브")에서 유래한 것으로 보인다(참조, RSV, "그는 헛된 것을 따르기로 했다"). 반면 『사독문헌』 저자는 호세아의 **נז**라는 단어를 사람을 가리키는 명사 내지는 호칭으로 이해하여, "이스라엘에게 거짓의 물을 예언하여(혹은 떨어뜨려, **הטיף**) 길이 없는 광야에서 헤매게 하는 경멸스러운" 어떤 설교자 내지는 선지자(**מטיף**)로 묘사했다(이는 CD I 14-15에 언급되었다). (필자의 생각에, 이 언급은 아마도 다른 종교 공동체의 지도자, 곧 바리새파의 지도자를 가리키는 것 같다.) 여기에서 사용된 또 하나의 구약 본문은 미가 2:6인데, 『사독문헌』 저자가 사용하는 방식은 다소 조악하다. 마소라 텍스트에서 **אל־תטפו יטיפון**("그들은 '설교하지 말라'고 설교한다")라고 읽는 것을 『사독문헌』에서는 부정어(**אל**)를 생략하고 **הטפו יטיפון** 만을 인용하여(이때 **הטפו**는 바로 뒤의 미완료를 강조하는 부정사 절대형이다), "그들은 정녕 설교할 것이다" 내지는 "그들은 끊임없이 (거짓의 물이) 떨어지게 설교할 것이다"(필자(Bruce)는 이상에서 단어의 두 가지 의미를 모두 활용하여 이와 같이 번역하였다(이 동사의 어근은 **נטף**로 '설교하다'라는 뜻과 '떨어뜨리다'라는 뜻이 모두 있다-역주))로 읽었다. 헬라어와 라틴어 역본은 『사독문헌』과 같이 부정사 절대형을 반영하고 있지만, 부정어를 생략하지는 않았다.

『사독문헌』 저자가 전제한 새로운 상황에 익숙하지 않거나 선지서의 종말론적인 의미들을 자연스럽게 수용하지 못한다면, 어느 누구도 『사독문헌』 저자의 해석을 이해할 수 없을 것이다.

미가 7:11 사용

『사독문헌』에서 중요하게 다루어지고 있는 또 다른 미가 본
문으로는 미가 7:11("네 성벽이 건축되는 날이다! 이 날에 경계
가 확장될 것이다")이 있다. 저자는 "그 성벽은 건축되고, 경계
는 확장될 것이다"(CD IV 12)라고 말함으로써, 악한 시대에
〔변질된〕"유다의 집"—전체적인 민족의 삶의 기반—과 거리를
유지하기 위한 정당성을 확보한다. 이때의 "성벽"은 에스겔이
말했던 불안정했던 성벽이 아니라, 악하고 부정한 것으로부터
경건을 지켜주는 성벽이다. 또한 『사독문헌』 기자는 "경계"
〔boundary〕(חק)라는 단어가 "법령"을 의미하기도 한다는 것을
염두에 두고 있는 것이 분명하다〔즉, 성벽이 건축되어 부정한 "유다
의 집"과 격리될 때에 "법령"이 확장될 것을 의미하고 있다는 것이다-역주〕.
저자는 자신들과 대립 관계에 있는 분파가 세운 쓸데없는 외
관과 자신들의 효과적인 장벽 사이에는 중대한 차이가 있다고
생각한다.

에스겔 44:15, 호세아 3:4 사용

쿰란공동체는 어떠한 이유로 사독이라는 이름을 그렇게 많이 사용하였을까? 이는 하스모니아와 (그를 따르는) 몇몇 부유한 가문이 아닌 사독 가문이 대제장직을 맡아야 한다고 생각했기 때문일 것이다. 이들은 에스겔 44:15에서 자신들이 사독계 제사장을 지지하는 성경적인 근거를 발견하였다. 『사독문헌』 저자는 소수의 신실한 자들에 대하여 다음과 같이 말한다(CD III 18-IV 4).

> 그러나 하나님께서는 놀라운 신비를 통하여 그들의 불법을 사하시고 그들의 죄를 용서하셨으며, 이스라엘을 위하여 옛적부터 지금까지 없었던 견고한 집을 세워주셨다. 하나님께 거하는 자들은 영생을 얻을 것이다. 이는 에스겔 선지자를 통하여 말씀하신 것과 같다. "이스라엘 자손이 내게서 떠나 그릇 행했을 때에, 내 성소에서 직무를 수행했던 사독 자손들과 레위와 제사장들이 내게 나아와 나를 섬기며, 내게 기름과 피를 바칠 것이다"(겔 44:15). 여기에서 "제사장들"은 회개하고 유다 땅을 떠난 이스라엘 사람들이며, ["레위" 사람들]은 그들과 연합한 자들이고, "사독의 자손"은 이스라엘의 선택된 자로 종말에 일어서게

될 자들이다.

여기에서 "제사장, 레위, 사독의 자손들"은, ("사독 자손들인 레위의 제사장들"이라고 읽는 에스겔 본문처럼) 하나의 그룹을 가리키는 것이 아니라, 세 개의 각기 다른 그룹으로 해석된다. 이러한 세 공동체는 전체적으로 사독의 후손으로 불릴 수 있다. 이들은 하나님을 섬길 수 있는 자격을 가졌지만 하스모니아가 권력을 가지고 있던 악한 세대에는 그럴 수 없었다. 당시 예루살렘에 있었던 제사장들은 하나님의 시각에서 아무런 자격이 없는 자들이었다. 이에 『사독문헌』 저자는 호세아 3:4("이는 이스라엘 자손이 많은 날 동안 왕도 없고, 지도자도 없고, 제사도 없고, 우상도 없고, 에봇과 드라빔도 없이 지냈다")를 부분적으로 해석하여 다음과 같이 인용하기도 했다. 이 시기에는 "왕도 없고, 지도자도 없고, 판관도, 의를 외치는 자도 없었다."

민수기 21:17-18 사용

『사독문헌』에서는 민수기의 "우물의 노래"(민 21:17-18)를 알레고리적으로 해석하여 쿰란공동체 및 그 지도자들에 관한

예언으로 읽어내어, 깨끗한 물의 이미지로 건전한 교리의 모
습을 묘사하였다(CD VI 2-11).

> 하나님께서는 그 조상들과 맺으신 언약을 기억하셔서, 아론의
> 가문에서 지식의 사람들을 세우시고 이스라엘로부터 지혜로운
> 사람들을 세우셔서, 그들에게 그분의 말씀에 귀 기울이도록 하
> 셨다. 그리고 그들은 우물을 팠다. 즉, "이 우물은 지휘관들이 판
> 우물로, 백성의 귀인들이 지팡이로 판 것이다"(민 21:18). 여기
> 에서 "우물"은 율법을 의미한다. 그리고 우물을 판 사람들은 회
> 개하고 유다 땅을 떠나 다메섹 땅에 거하는 이스라엘 사람들 가
> 리킨다. 그들은 하나님을 찾으면서, 그들의 영광은 어느 누구에
> 의해서도 무시당한 적이 없기에, 하나님께서는 그들 모두를 "지
> 휘관들"로 부르셨다. 그리고 "지팡이"는 율법의 해설자(דורש
> התורה)로, 이사야는 이에 관하여 이렇게 말하였다. "그는 자신
> 의 목적에 맞는 연장을 만든다"(사 54:16). 그리고 "백성의 귀인
> 들"은 "지팡이"로 우물을 파서, 모든 악한 시대에 그 안에서 행
> 할 수 있게 하였다. 이 지팡이가 없다면, 의의 교사가 종말의 날
> 에 일어날 때까지, 자신들의 목적을 이루지 못할 것이다.

  여기에서 언급된 "회개하고 유다 땅을 떠나 다메섹 땅에 거
하는 이스라엘 사람들"이라는 표현은 CD IV 3에서 에스겔

44:15을 해석하면서 등장했던 "회개하고 유다 땅을 떠난 이스라엘 사람들"이라는 어구에서 "다메섹 땅"으로 갔다는 정보를 덧붙인 것이다. 실제로 쿰란공동체는 어떤 시기에 유대 지역에 머무르지 못하고 다메섹으로 이주했을 가능성이 있다. 하지만 다른 일각에서는 "다메섹"을 문자적으로 이해해서는 안된다고 주장—단순히 공동체가 사해 지역으로 물러난 것을 묘사하는 표상적 방식으로서—하기도 한다.[26] 어떤 쪽의 주장이든 이를 확증하기 위해서는 더욱 분명한 근거가 필요할 것이다.

또한 "지팡이"로 번역된 단어(מחוקק)는 "율법 수여자"(AV나 RV에서 창 49:10를 번역하고 있듯이)를 의미할 수도 있기에 다소 분명하지 않다. 『사독문헌』에 나타난 민수기 21:18 해석에는 분명 이 단어의 두 가지 함의가 모두 드러난다. 즉, 『사독문헌』 저자는 우물을 파는 데에 쓰였던 "지팡이"를—여기에서는 지팡이를 지칭하고 있는 것이 분명하다—가리켜 "율법의 해설자"라고 명시하였다는 것이다. 여기에서 율법의 해설자가 종말에 악한 시대를 끝내러 오는 의의 교사와는 구별되는 인물일 수도 있겠지만, 이스라엘 백성들이 율법의 해석자인 의의 교사를 따라 "유다 땅"을 떠나 주의 길을 예비하기 위하여 광야에 거하였을 수도 있다.

아모스 5:26, 민수기 24:7 사용

율법의 해설자에 관하여 언급하고 있는 또 다른 본문이 있다. 여기에서는 구약의 선지서를 인용하면서 다음과 같이 적용한다(CD VII 9-20).

하나님께서 악인들에게 보응하시기 위하여 방문하실 때에, 하나님을 멸시하는 자들은 [멸하게 될 것이다]. 이는 아모스의 아들 이사야 선지자의 말씀에 기록된 것과 같다. "에브라임이 유다를 떠난 때로부터 지금까지 겪어 보지 못했던 날들이 너와 네 백성들 그리고 네 조상들의 집에 임하게 될 것이다"(사 7:17). 이스라엘이 두 집으로 분리되고, 에브라임은 유다의 통치자가 되었다. 모든 배교자들은 칼에 넘겨졌지만, 견고하게 자신을 지킨 자들은 북쪽 땅으로 피신하였다. 이에 대해 그가 말씀하셨다. "내가 너희 왕 식굿(סכות: "싸쿠트")과 〔너희 별의 신〕 기윤, 곧 너희를 위해 만든 형상을 나의 장막에서 다메섹으로 사로잡혀 가게 할 것이다"(암 5:26-27). "왕의 장막(סוכת〔앞에서 "식굿"으로 번역된 "싸쿠트"를 "장막"의 뜻을 지닌 "쑤카트"로 받았다. 자세한 내용은 이하를 참조-역주))은 율법 책을 의미한다. 이는 그가 말씀하신 바와 같다. "내가 무너진 다윗의 장막을 일으킬 것이다."(암 9:2).

"왕"은 회중을 가리키며, "형상의 토대(כיניי)"는 이스라엘 백성들이 멸시한 선지자들의 책이다. "별"은 율법의 해설자로, 그는 다메섹에 올 것이다. 이에 관하여는 다음과 같이 기록되어 있다. "한 별이 야곱에게서 나오고, 한 홀이 이스라엘에게서 일어날 것이다"(민 24:17). "홀"은 회중 전체의 지도자를 가리킨다. 그는 일어나서 "셋의 자손을 모두 멸망시킬 것이다"(민 24:17).

이 단락에는 언어유희가 빈번하게 나타난다. "에브라임이 유다를 떠났다(סור: "쑤르")"라는 문장 뒤에 "에브라임이 유다의 통치자(שר: "싸르")가 되었다"는 문장이 등장한다. 또한 『사독문헌』에서 아모스 5:26을 인용할 때 토성을 가리키는 이름인 식굿(סכות: "싸쿠트")을 언급하는데, 이를 발음이 유사한 장막(סוכת: "쑤카트")으로 받아, 아모스 9:2의 "다윗의 장막"(סוכת דויד)과 연결시켰다. 더욱 주목할 만한 것은 아모스 5:26(행 7:43에서 인용)의 칠십인역에서는 "너희 왕 식굿"(סכות מלככם: "싸쿠트 말케헴")을 סוכת מלך("쑤카트 몰레흐")로 읽어 "몰렉[몰레흐]의 장막"이라고 번역하였다는 것이다. 또한 『사독문헌』 저자는 기윤(כיון: "키윤": 토성에 대한 또 다른 이름)을 כיניי("칸네")로 부연하기도 한다.

위에서 살펴보았던 우물의 노래에 나타난 "율법의 해설자"는 분명히 "유다 땅을 떠나 다메섹에 거하는 이스라엘 사람들"

의 지도자인데, 여기에서는 "다메섹에 올" 사람으로 묘사되고 있다. 우리는 두 명의 서로 다른 "율법의 해설자"를 생각할 수도 있다. 그럴 경우 한 사람은 (위에서 한번 추측하였던 것과 같이) 쿰란공동체를 세운 의의 교사이고, 다른 한 사람은 훗날에 나타날 의의 교사일 것이다. 어떻든 간에, 이 인물은 상당히 중요한 종말론적, 제사장적 인물일 것이다.

　셋의 자손—소동을 일으키는 자녀들—을 모두 멸망시킬 "회중 전체의 지도자"(נשיע כל העדה)는 마지막 날에 있을 악한 세력과의 거대한 전투에서 빛의 자녀들을 승리로 이끌 장군일 것이다. 본서 제4장에서 종말에 율법의 해설자가 나타나는 더욱 많은 문헌들을 다루려 한다(본서 제4장).

　별과 홀에 대한 발람의 예언은, 쿰란문헌에서 인용된 수로 판단하건대, 분명 쿰란공동체가 선호했던 본문일 것이다(본서 제4장).

스가랴 11:11, 13:7 사용

　우리가 마지막으로 인용한 본문〔CD VII 9-20〕에는 A 사본과 B 사본이 공통적으로 가지고 있는 부분이 있다(『사독문헌』의 필사본으로는 주후 10세기의 A 사본과 주후 12세기의 B 사본이 있다-역주〕. 하지만 두 사본이 공통적으로 포함하고 있는 부분이라 하더라도 문자 하나하나가 모두 동일하지는 않다. 우리가 이상에서 인용한 것은 A 사본에 나타난 것이다. 하지만 B 사본에서는 다음과 같이 이야기하고 있다(CD XIX 5-9).

> 하지만 계명과 규례를 무시하는 모든 자들은 [멸망하게 될 것이다.] 하나님께서 그 땅에 방문하실 때에 악한 자들에게 임할 보응이 그들에게 부어질 것이다. "칼아, 깨어라. 내 목자, 나와 가까운 그 사람을 쳐라. 하나님의 말씀이다. 그 목자를 치면 양 떼들이 흩어질 것이다. 그러나 내가 작은 자들을 대하여 내 손을 돌이킬 것이다"(슥 13:7). 그를 "지켜보고 있는" 자들은 "가련한 무리"(슥 11:11)이다.

『사독문헌』의 진술에 따르자면, 그 "목자"는 백성들을 잘못 인도한 이스라엘의 악한 통치자이고, "가련한 무리"는[27] 사독 공동체인 것 같다. C. 라빈(Rabin)은 여기의 "목자"를 의의 교사로 간주하지만―예수께서 겟세마네에서 잡히시기 불과 몇 시간 전에 스가랴 13:7의 목자를 자신에게 적용시키셨다 하더라도(막 14:27)―이러한 해석은 『사독문헌』의 문맥에 어울리지 않는다.

신명기 32:33 사용과 추가적인 논의

마지막으로 살펴볼 마지막 예문도 두 사본에 공통적으로 나타난다. 여기에서는 완고한 백성들에 관하여 이야기한다(CD VIII 7-12 = CD XIX 19-24).

그들은 각기 자기 눈에 옳은 대로 행하였고 자기 마음의 완악함을 고집하였으며, 자신을 그러한 사람들과 그 죄로부터 멀리하지 않았다. 그들은 악한 자들의 길을 걸음으로써 "무례한 태도"로 저항하였다. 이에 대하여 하나님께서는 이렇게 말씀하셨다. "그들의 포도주는 뱀들의 독이며, 독사들의 지독한 독(ראש)이다"(신 32:33). 이때 "뱀들"은 백성들의 왕들을 가리키며, "포도주"는 그들의 길을 의미한다. 그리고 "지독한 독"은 헬라 왕들의 우두머리(ראש)를 가리킨다. 그는 그들에게 복수하기 위하여 온 자이다.

우선 여기에서 언어유희를 발견할 수 있다. 곧, 히브리어 ראש는 "독"과 "머리"(혹은 우두머리) 모두를 의미할 수 있는데, 저자는 이 한 단어를 가지고 두 가지 의미를 모두 활용하였다. 또한 "헬라 왕들의 우두머리"라는 표현에 관해서는, 『사독문헌』 저자가 다니엘 8:21-27나 10:20에 나타난 "헬라의 왕"
이라는 표현에 영향을 받았을 가능성도 있겠지만, 누구를 염
두에 둔 것일까? 과거를 풍미했던 알렉산더 대왕이나 안티오
쿠스 에피파네스를 가리키는 것일까? 아니면 후대의 데메트
리우스 3세를 지칭하는 것일까? 그것도 아니라면 헬라의 왕들
에게 통치권을 수여한 로마의 장군들 중 하나일까? 이것 역시
확정적인 답을 내리기에는 증거가 충분하지 않다. 분명한 것
은 『사독문헌』 저자가 이 상황을 거짓 설교자와 연관 짓고 있
다는 것이다. 바로 다음 구절을 살펴보자(CD VIII 12-13 = CD
XIX 24-26).

> "벽을 쌓고 회를 칠하는"(겔 13:10) 사람들은 이 모든 것들을 이
> 해하지 못했다. 왜냐하면 "바람 속을 걷고 폭풍을 일으키며 거
> 짓을 선포하는 자"(미 2:11)가 그들에게 설교하기에, 하나님의
> 진노가 그의 회중 전체를 향하여 불타올랐기 때문이다.

〔여기에 나타난 "거짓을 선포하는 자"가 앞 구절의 "헬라 왕들의 우두머
리"를 가리키는 것이라면〕 결국 "헬라 왕들의 우두머리"는, 필자가
이전에 제안했던 것과 같이〔브루스는 "거짓의 사람"(Man of Falsehood)
을 바리새파로 추측한 적이 있다-역주〕, 바리새파를 가리키는 것일 수
있다. 『사독문헌』 저자 및 독자 공동체는 분명 바리새파의 정

책을 인정할 수 없었을 것이다. 하나님께서는 조상들과의 언약을 지키는 신실한 남은 자들은 사랑하셨지만 성벽 건축자들은 미워하셨다.

> 하나님의 계명을 버리고 자기 마음의 완악함을 따라 행하는 모든 사람도 마찬가지이다. … 유일한 교사가 "거두어질" 때로부터 아론과 이스라엘에게서부터 메시아가 일어날 때까지, 다메섹 땅에 들어가 새 언약을 맺었지만 타락하여 생수의 우물을 버린 모든 사람들은 백성들의 성찬에 참여할 수도 없고, 명부에 기록될 수도 없을 것이다. (CD XIX 32-XX 1).

여기에서 "다메섹 땅에 들어가 새 언약을 맺었다"라는 표현에서 쿰란공동체의 형성 과정을 엿볼 수 있다. 자기 민족을 떠난 쿰란공동체는 예레미야 31:31-33에서 약속된 "새 언약" 백성이 되었다고 생각했다. 하지만 쿰란공동체가 형성된 이후에 실제로 쿰란에서 다메섹으로 이주한 것이라면, 우리는 "새 언약"이 "나메섹 땅"에서 다시 확증된 것이며, 사독의 문헌들은 다메섹 거주 기간 중에 기록된 것으로 추론할 수 있다. 하지만 의의 교사의 죽음으로 인해 그를 따르던 자들 중 얼마가 탈당한 것처럼 보이기도 한다. 그들은 아마도 의의 교사가 살아있었을 동안에 새로운 시대가 도래 할 것으로 생각했을 것이다.

『사독문헌』은 의의 교사의 죽음과 메시아 시대의 도래 사이에 간극이 있는 것으로 이해하고 있기에, 우리는 다가올 시대와 긴밀한 연관이 있는 메시아(혹은 메시아들)에 주목할 필요가 있다.

제4장
메시아사상

I. 성경의 메시아

유대인들의 종말론에서 원수를 멸하고 하나님나라를 세우는 것은 메시아의 존재와 밀접한 관련이 있다. '메시아'란 '기름 부음을 받은'을 의미하는 히브리어의 형용사 מָשִׁיחַ("마쉬아흐")에서 유래하여 '기름 부음을 받은 자'를 의미하는데, 이는 단순히 기름 부음을 받았다는 것만을 가리키는 것이 아니라 그러한 기름 부음의 결과로서 특별한 신적 위치나 권위를 가지게 되었다는 것을 의미한다. 이 히브리어 מָשִׁיחַ는 헬라어에서 형용사 Χριστός("크리스토스")로 번역되어 동일하게 '기름 부음을 받은'이라는 의미를 지니는데, 여기에서 '그리스도'(Christ)라는 단어가 파생되었다. 메시아는—오늘날 우리가 말하는 것처럼—구약성경의 의미로, '신적 권위' 내지는 '하나

님의 은혜'를 받아 직무를 수행하는 자이다. 따라서 바사의 고
레스와 같은 이방의 통치자 역시 이스라엘의 하나님께 "메시
아"(사 45:1)로 불릴 수 있었다. 고레스는 하나님께 세움을 받
아 정치적, 군사적인 정책을 통하여 하나님의 뜻을 성취하는
데에―자신은 이를 깨닫지 못했을지라도―일조했기 때문이다.

　이후 유대교에서 메시아 칭호는 다윗의 후손으로 오셔서 하
나님을 대신하여 모든 악한 자들을 심판하고 의와 평화로 영
원한 나라를 통치하실 승리의 왕을 지칭하는 용어가 되었다.
이것이 우리가 이해하는 메시아의 일반적인 의미이지만 구약
성경 내에서 반드시 이러한 의미로 사용되는 것은 아니다.

II. 메시아들

『열두 지파장의 유훈』의 메시아

　초기 기독교로부터 현재 우리에게까지 내려온 『열두 지파
장의 유훈』이라는 흥미로운 작품에는 종말의 승리와 회복을
묘사하고 있는 유명한 장면이 있는데, 여기에 레위 지파의 메
시아와 (유다 지파에 속한) 다윗 가문의 메시아가 함께 나타난

다. 구약성경에서 왕뿐 아니라 대제사장 역시 기름 부음을 받은 자로 나타나지만 최근에 이르기까지, 『열두 지파장의 유훈』에 나타난 것처럼, 제사장적 메시아가 왕적 메시아와 나란히 등장하는 것은 익숙한 모습은 아니었다.[28] 하지만 이러한 메시아사상이 담겨있는 『열두 지파장의 유훈』 단편들—과거에 알려진 것보다도 더욱 초기의 판본—이 사해사본에서 발견되면서 메시아 개념에 큰 반향을 일으켰다.

『열두 지파장의 유훈』은 이스라엘의 열두 지파의 조상이 되는 야곱의 열두 아들의 마지막 가르침으로 알려져 있다. 여기에는 자기 후손들의 운명에 대하여 개괄적으로 기록되어 있다. 『르우벤의 유훈』(6:7-12)에는 다음과 같은 이야기가 나타난다.

> 하나님께서 레위에게 통치권을 주셨다. … 그렇기에 레위의 말에 귀를 기울여야 한다. 이는 레위가 주께서 말씀하신 대제사장으로서 주의 율법을 알고 있으며 때가 이를 때까지 심판을 맡아 행하면서 모든 이스라엘을 위하여 제사를 지낼 것이기 때문이다. 나는 너희가 하늘의 하나님으로 인하여 각자의 이웃에게 진리를 행하고 형제를 서로 사랑하기를 바란다. 겸손한 마음으로 레위에게 가까이 가면, 그는 자신의 입술로 너희를 축복할 것이다. 레위는 주께서 모든 민족 위에 왕으로 택하신 자이기에, 그

가 이스라엘과 유다를 축복할 것이다. 그리고 레위의 자손은 보이거나 보이지 않는 전쟁에서 너를 위하여 죽을 것이기에 그의 자손 앞에 엎드려라. 레위 자손은 너희 가운데에 영원한 왕이 될 것이다.

『르우벤의 유훈』에 따르면, 레위 지파는 대제사장직뿐 아니라 왕직까지도 가지고 있는 것으로 나타나는데, 이렇게 한 사람 안에 두 직분이 결합되어 있는 상황은 하스모니아 왕조의 지도자층의 양태를 반영하고 있는 것으로 간주되어 왔다. 하지만 『유다의 유훈』에서는 유다 지파에게 왕권이 주어지면서도 그 왕권은 대제사장직에 종속되는 것으로 나타난다. 유다는 자기 자녀들에게 다음과 같이 말했다(21:1-5).

나의 자녀들아 이제, 내가 너희에게 명하노니, 레위를 사랑하고 그 옆에 거하면서 너희 자신을 그보다 높이지 말라. 그렇지 않으면 너희들은 멸망당하게 될 것이다. 주께서는 나에게 왕권을 주셨고 그에게는 대제사장직을 주셨는데, 왕국을 제사장 아래에 두셨다. 주께서는 나에게 땅에 있는 것들을 주셨고 그에게는 하늘에 있는 것들을 주셨다. 죄로 인하여 권세를 잃고 땅의 왕의 통치를 받지 않는 한, 하늘이 땅 위에 있는 것과 같이 하나님의 제사장은 땅의 왕국보다 높이 있다. 주의 천사가 내게 이렇

게 말했다. "주께서는 당신이 아닌 레위를 택하셨습니다. 주께
나아가 그분의 식탁에서 먹으며 이스라엘의 첫 소산을 그분에
게 드리십시오. 하지만 당신은 야곱의 왕이 될 것입니다."

『납달리의 유훈』에는 이와 동일한 사상이 환상의 형태로 나
타난다(『납달리의 유훈』 5:1-3).

내가 사십 세가 되었을 때에, 예루살렘 동쪽의 감람산에 올라 한
환상을 보았는데, 거기에 해와 달이 여전히 있었다. 그때에 나의
아버지 이삭이 우리에게 말했다. "달려가서, 각기 힘 있는 대로
그것들을 붙잡아라. 해와 달은 잡는 이의 것이다." 우리 모두는
달려갔다. 레위가 해를 잡았고 유다는 다른 이들을 앞질러 달을
잡았다. 그러자 그 둘은 해와 달과 함께 올려졌다.

여기에서, 해를 잡은 레위(제사장직)가 달을 잡은 유다(왕
직)보다 우위에 있는 것은 분명하다.

『열두 지파장의 유훈』은 기독교의 영향 아래에서 우리에게
전수되었기에, 기독교적으로 개작된 부분들을 확인할 수 있
다. 예컨대, 『레위의 유훈』 8:14에서는 "유다에게서 한 왕이 나
타나서 모든 이방인들을 위하여 새로운 제사장을 세울 것이
다"라는 진술을 볼 수 있다. 이 진술 역시, 이상에서 레위의 왕

위가 하스모니아 왕가에 관한 역사적인 사실에 영향을 받았을 것이라고 언급했던 것과 같은 양상으로서, 예수의 대제사장직에 관한 기독교 교리에서 유래했다는 결론을 피하기 어렵다. 그렇지만 여기에서 우리가 얻을 수 있는 가장 중요한 정보는 훗날에 오게 될 유다 지파의 왕이 제사장인 레위 지파의 아래에 놓이게 될 것이라는 점이다.[29]

『사독문헌』의 메시아

이와 관련하여 『사독문헌』에서는 마지막 날 나타나게 될 "아론과 이스라엘"의 메시아(메시아들)에 관한 언급을 발견할 수 있다. 그 예로써 다음 구절을 살펴보자(CD XIX 33–XX 1).

유일한 교사가 "거두어질" 때로부터 아론과 이스라엘에게서 메시아가 일어날 때까지, 다메섹 땅에 들어가 새 언약을 맺었지만 타락하여 생수의 우물을 버린 모든 사람들은 백성들의 회합에 참여할 수 없고 명부에 기록되지도 않을 것이다.

또한 「사독율법」(『사독문헌』은 「사독훈계」와 「사독율법」으로 구성되어 있다-역주)에서도, 악한 세대에 살고 있는 쿰란공동체의 구성원들을 위하여 "아론과 이스라엘에게서 메시아가 일어날 때까지"(CD XII 23-XIII I) 생명의 규칙이 주어진다. 여기에서 이 공동체 자체는 "아론과 이스라엘로"—즉, 제사장과 일반 백성들로—구성되어 있다고 말할 수 있기에, 메시아(메시아들)는 제사장과 계층과 일반 백성들 계층에서 각기 일어날 것으로 기대했을 수도 있다. 이 단락에서는 "아론과 이스라엘"이라는 표현이 한 메시아를 지칭하고 있는 것으로 보일수도 있겠지만, 다른 사해 문헌들의 언급에 비추어볼 때, 두 명의 메시아—아론에게서 나오는 메시아와 이스라엘에게서 나오는 메시아(T.H. 개스터〔Gaster〕의 사역에 따르면 "제사장인 메시아와 일반 백성인 메시아")—를 가리키는 것으로 이해할 수 있는 경우들이 많다.

『공동체규율』의 메시아 1

  필자가 「회중규율」〔『공동체규율』의 두 가지 부록 중 하나-역주〕이라고 부르고 있는 제1동굴에서 발견된 문헌에는 메시아가 도래한 시대에 집회와 식사모임에서의 절차가 다음과 같이 소개되어 있다(1QSa II 11-22).

이것은 하나님께서 그들에게 메시아를 주실 때[30] 공동체 공의
회에 소집된 사람들의 자리 배열이다. 이스라엘 전체 회중의 우
두머리인 제사장이 먼저 들어올 것이며, 제사장 가문인 아론의
후손, 곧 집회에 소집된 명망 있는 자들이 각기 자신의 지위에
따라 그의 앞에 앉아야 한다. 그리고 이스라엘의 메시아가 자리
를 잡은 후에, 이스라엘 군대의 우두머리들이 자신의 권위 및 진
영에서의 자기 지위에 따라 그 앞에 앉아야 한다. 회중들 중 가
문의 우두머리들은 그 성회의 지혜로운 자들과 함께 각기 지위
대로 그들 앞에 앉아야 한다. 그들이 공동식사나 포도주를 위하
여 모일 경우에는 공동체의 식탁이 준비되고 포도주가 잔에 채
워지면 제사장보다도 먼저 빵을 먹거나 포도주를 마셔서는 안
된다. 제사장이 먼저 빵과 잔을 축복해야 하기에 먼저 빵에 손
을 뻗을 수 있는 것이다. 그 후에야 이스라엘의 메시아는 빵에
손을 뻗을 수 있고, 그 후에 [그들은] 각기 자신의 지위에 따라
공동체의 온 회중들에게 축복을 선언할 것이다. 이것은 열 명 이
상의 사람들이 모인 식사 때마다 지켜야 할 규율이다. (*DJD* I,
110-11, 117).

이를 보자면 "이스라엘의 메시아"가 분명히 높은 위치를 가
지고 있기는 하지만 "제사장"보다는 낮은 위치에 있다(「회중
규율」에서는 "아론의 메시아"라는 칭호가 사용되지는 않았지

만, 여기에 나타난 제사장은 "아론의 메시아"와 동일시될 수 있을 것이다). 이와 유사하게 제1동굴의 「축복규율」(『공동체규율』의 두 가지 부록 중 하나-역주)(1QSb; *DJD* I, 118)에서는 특별한 자들을 위한 축복에서 시작하여 모든 신실한 사람들을 위한 일반적인 축복의 순으로 나타나는데, 이때 그 첫 번째는 대제사장이며, 뒤이어 다른 제사장들, 셋째로는 "회중의 지휘관"(נשׂיא העדה)을 위한 축복이 차례로 나타난다. 『전쟁규율』에서도 어둠의 자녀들과 싸우는 빛의 자녀들의 군사 통솔자는 그보다도 상급지휘관인 대제사장으로부터 명령을 하달 받는다.

이러한 문헌들에서 확인할 수 있는 쿰란공동체의 구성원들은 에스겔서 40-48장에 나타난바, 제사장들이 다윗계의 지휘관보다도 더욱 높은 권위를 가지고 있는 새로운 세상을 염두에 두고 있었던 것 같다.

스가랴의 메시아

다윗 가문의 지휘관이 바벨론 포로에서 돌아와 잠시 유대 땅의 주요한 통치권을 얻었을 때, 그와 사독 가문의 새로운 제사장은 함께 "모든 땅의 주인으로 선 두 기름 부음을 받은 자"

(슥 4:14)라고 묘사된다. 천사는 이 표현을 총독 스룹바벨과 대
제사장 여호수아라고 해석하였는데, 이때 이들이 "메시아들"
(מֹשִׁיחִים〔기름 부음을 받은 자들〕)이라고 불리지는 않았지만, 문자
적으로는 "기름의 자녀들"(בְנֵי־הַיִּצְהָר)라는 표현으로 호칭되
었다. 스가랴 6:12-13에서는 스룹바벨을 다윗 왕조의 약속된
자손이라고 다음과 같이 칭송하고 있다(참조, 렘 23장;
33:15).[31]

> 보라, 가지〔Branch〕라고 불리는 사람이 자신의 땅에서 자라나 주
> 의 성전을 건축할 것이다. 그가 주의 성전을 건축하고, 왕의 영
> 광도 얻고, 그의 왕좌에 앉아서 다스릴 것이다. 또한 그의 왕좌
> 에 제사장이 있을 것인데, 그 둘 사이는 평화로울 것이다.

여기에는 제사장이 왕보다 높은 권위를 가지고 있다는 언급
은 나타나지 않지만, 세상에 대한 권세를 가지고 있는 제사장
을 발견할 수 있다.

벤-코세바와 관련한 메시아

또한 이에 관한 흥미로운 증거는 제2차 유대반란 기간(주후

132-135년)에 패권을 가지고 있었던 벤-코세바〔Ben-Kosebah〕에게서 발견할 수 있다. 벤-코세바는 당시 "이스라엘의 지휘관 (נשׂיא), 시므온"이라고 불렸는데, 이 칭호는 "제사장 엘레아자르"라는 이름이 새겨진 동전과 연관되어 있었다. 제사장 엘레아자르가 혁명에 어떠한 중요한 역할을 한 것 같지는 않기에 그에 대하여 우리가 알 수 있는 것은 아무 것도 없지만, 한 제사장이 백성과 군대의 지휘관과 직무상 관련이 있었다는 것은 분명하다.[32)]

『공동체규율』의 메시아 2

메시아가 아론 및 이스라엘에게서 나오게 될 것에 대한 『사독문헌』의 언급은 『공동체규율』(1QS IV 11)에서도 발견할 수 있다. 이 『공동체규율』 본문에는 "아론과 이스라엘의 선지자와 메시아들〔Messiahs〕이 나타날 때까지" 공동체의 율법을 바꾸지 말라는 명령이 나타나는데, 여기에서 말하고 있는 메시아는 분명 복수 형태로 나와 『사독문헌』이 두 메시아에 대하여 지칭하고 있다는 입장을 지지하는 확실한 증거가 된다. 그런데 이 본문에서 두 명의 메시아는 선지자와 관련되어 있다. 선지자를 언급하고 있는 『공동체규율』 본문은 우리로 하여금 마

카비1서의 진술, 곧 안티오쿠스 에피파네스가 예루살렘 성전
을 모독한 이후 성전이 다시 주께 봉헌될 때에 "선지자가 나타
나 그 처리 방법을 지시할 때까지"(마카비1서 4:46) 더럽혀진
제단의 돌들이 성전 산 적당한 곳에 쌓여있었다는 표현이나
"유대인들과 제사장들이 진정한 선지자가 나타날 때까지 시몬
을 영원한 지도자이자 대제사장으로 삼기로 하였다"(마카비1
서 14:41)라는 어구를 상기시킨다.

III. 선지자, 왕, 제사장으로서의 메시아

이스라엘 백성들은 이스라엘 내에 더 이상 선지자적 은사가
주어지지 않던 시기에, 선지자들이 다시 나타나 하나님의 뜻
을 확실하게 조명해 줄 것을 기대했다. 종말에 나타나 백성들
에게 하나님의 뜻을 계시해 줄 위대한 선지자는 두 인물을 기
반으로 하고 있다. 하나는 모세와 같은 선지자가 일어날 것이
라는 하나님의 약속에 부합하는 두 번째 모세이며(신 18:15-
22), 또 다른 하나는 "주의 위대하고 두려운 날"(말 4:5-6)을
준비하러 이 땅에 돌아올 엘리야이다. (이 둘은 요한계시록
11:3 이하에 나타난 "두 증인"으로 결합되어 있다.)

"아론과 이스라엘의 선지자와 메시아들이 나타날 때까지"
를 말하고 있는 쿰란공동체의 두 메시아와 선지자 사상은 모
세와 엘리야로 대변되는 두 선지자에 대한 일반적인 기대와
어떠한 관련이 있는가?

이 질문은 제4동굴에서 발견된 『증언집』(4QTestimonia =
4Q175)이라는[33] 문헌으로 대답할 수 있을 것 같다. 이 문헌에
서는 구약 본문들을 인용하면서 종말에 관한 기대를 형성한
다. 인용된 구약 본문의 분량을 보자면 그 중요성을 가늠할 수
있을 것이다.

> 그리고 [주께서] 모세에게 말씀하셨다. "이 백성이 네게 말하는
> 소리를 네가 들었다. 그 말이 다 옳다. 다만, 그들이 그와 같은 마
> 음을 품고서 나를 경외하고 나의 계명을 항상 지켜 그들과 그의
> 자녀들이 영원토록 잘 되기를 바란다!"(출 20:21, 사마리아 본
> 문; 참조, 신 5:28-29 MT) "내가 그들의 형제 중에서 그들을 위
> 하여 너와 같은 선지자 하나를 일으켜 내 말을 그 입에 둘 것이
> 다. 내가 그에게 명령하는 모든 것들을 그가 그들에게 말할 것이
> 다. 누구든지 나의 이름으로 전하는 그의 말을 듣지 아니하는
> 자는, 내게 벌을 받을 것이다"(신 18:18-19 MT).

> 그리고 발람이 그의 신탁을 받들어 말했다. "브올의 아들 발람

의 신탁이며 눈을 뜬 자의 신탁이다. 하나님의 말씀을 듣는 자,

지극히 높으신 분의 지식을 깨달은 자, 전능자의 환상을 보고 엎

드러져 눈이 열린 자의 신탁이다.

내가 그를 보고 있지만 지금에 관한 것은 아니며,

내가 그를 주목하고 있지만 가까운 일은 아니다.

한 별이 야곱에게서 나오고,

한 홀이 이스라엘에게서 일어날 것이다.

그가 모압의 전면을 쳐부수고

셋의 모든 자손들을 멸망시킬 것이다"(민 24:15-17).

그리고 그가 레위에 대하여 말하였다.

"레위에게 주의 둠밈이 있게 하시고

주의 경건한 자들에게 주의 우림이 있게 하소서

주께서 그를 맛사에서 시험하시고

므리바의 물가에서 다투셨습니다.

그가 자신의 부모에게

"제가 당신들을 알지 못합니다"라고 말하면서

자신의 형제를 인정하지 않고,

자신의 자녀들도 돌보지 못하는 것은

그가 주의 마름을 준수하고 주의 언약을 지켜기 때문입니다.

그들이 주의 법도를 야곱에게,

주의 율법을 이스라엘에게 가르치고

주 앞에 향을 올리며 주의 제단에 온전한 제사를 드립니다.

오, 주시여. 그에게 복을 주시어 부요하게 하시고,

그의 손의 일을 받으소서.

그의 대적들과 미워하는 자들의 허리를 치시고

그들이 다시는 일어나지 못하게 하소서"(신 33:8-11).

여호수아는 감사의 찬양을 마무리하면서 다음과 같이 말했다.

"누구든지 일어나 이 [여리고] 성읍을 건축하는 사람은 주 앞
에서 저주를 받을 것이다. 그 기초를 놓는 자는 맏아들을, 그
문을 다는 자는 막내아들을 잃을 것이다"(수 6:26). 벨리알의
아들 중 하나, 곧 저주 받은 자가 일어나 그의 백성들에게 사
냥꾼의 올무가 되고, 그의 이웃들에게 파멸이 될 것이다. 그
리고 그는 일어서서 … 폭력의 도구가 될 수도 있다. 그리고
그들은 성벽과 탑을 다시 쌓아 … 이스라엘에서 … 악의 거점
을 삼고, 에브라임과 유다에서 끔찍한 것을 만들 것이다. …
[그리고 그들은 땅을 더럽히고 … 의 자손들을 크게 경멸하
고, 그리고 시온의 딸의 성벽과 예루살렘의 경계에 피를 물
같이 쏟을 것이다.]

여기에서 네 개의 구약 본문이 인용되었는데, 특히 마지막

인용구는 제4동굴에서 발견된 『여호수아의 시편』(*Psalms of Joshua*)이라는 작품과 관련이 있다. 여리고를 재건하지 말라는 여호수아의 금지 명령은 저자가 인정하지 않는 어떤 활동—아마도 하스모니아의 통치자들이 예루살렘을 강화하려는 것—에 적용되고 있는 것 같다. 여기에서 사용된 인용문들은 전체적으로 구약 본문들에 대한 증거본문 내지는 '증언들'—초기 기독교에 흔했던 문학적 장르—로 구성되어 있다. 우리는 처음의 세 단락에서, 기독교에서 다루고 있는 메시아 본문은 아니지만, 쿰란 신학에서 매우 중요한 역할을 하고 있는 세 인물—곧, 모세와 같은 선지자, 야곱에게서 나오는 별, 레위—을 발견할 수 있다. 이들은 분명히 『공동체규율』에서 언급되고 있는 세 사람—한 선지자와 아론의 메시아와 이스라엘의 메시아—에 대응된다.

선지자적 메시아

선지자로서의 메시아는 『증언집』과 『공동체규율』에 모두 나타난다. 『증언집』에 나오는 선지자는 모세가 말했던 선지자와 동일한 인물로 간주된다. 하나님과 인간 사이의 중재자 역할을 했던 이스라엘의 선지자가 제사장이나 왕과 같이 기름 부음을 받고 직분을 수행한 것은 아니었다. 엘리야가 그의 사역을 대신할 자로 엘리사에게 기름을 부으라는 명을 받은 것은 사실이지만(왕상 19:16), 그것은 예외적인 경우였다. 하지만 선지자들은, 머리에 직접 기름을 붓지 않더라도 하나님의 위임 아래에 행하였기에, 통상 하나님의 "기름 부음을 받은 자들"(מְשִׁיחִים)로 묘사되었다. 따라서 하나님께서는 시편 105:15에서 다음과 같은 요청을 하실 수 있는 것이다.

> 내 기름 부음을 받은 자를 건드리지 말고,
>
> 내 선지자를 해치지 말라.

여기에 나타난 두 문장은 서로 병행 관계로서 "기름 부음을 받은 자"와 "선지자"를 동의어로 볼 수 있다. 또한 사해사본의 몇몇 구절에서도 "기름 부음을 받은 자"란 분명히 "선지자"를 가리키는 용어로 사용되었다.

우리는 주후 1세기 초에 팔레스타인의 어떤 유대 그룹 내에서 두 번째 모세에 대한 기대를 간직하고 있다는 것을 복음서에서 발견할 수 있다. 이것은 요한복음에서 분명하다(요한복음과 쿰란문헌 사이의 유사성은 뒤늦게 상당한 주목을 받았다). 요한복음 1:19-28에 따르면, 세례 요한은 사람을 보내어 예수께서 메시아이신지, 아니면 다시 올 엘리야인지를 물었

다. 예수께서 이 두 질문에 "No"라고 대답하셨을 때에, 그들은
"당신이 그 선지자입니까?"라고 물었다. 이때 요한은 그것이
신명기 18장에 언급된 모세와 같은 선지자라는 것을 알고 있
었기에 "어느 선지자"인지 되 물을 필요가 없었다. 이에 예수
는 또 다시 "No"라고 대답하셨다.

또한 요한복음 6장에서 예수께서 갈릴리 바다 근처에서 많
은 군중을 빵과 물고기로 먹이셨을 때에, 군중들은 모세의 시
대에 광야에서 그들의 조상이 어떻게 만나를 먹었는지 상기하
면서, 예수께서 두 번째 모세가 틀림없다는 결론에 이르렀다.
"참으로 이분은 세상에 오실 그 선지자다!"(요 6:14). 또한 예
수께서 예루살렘 성전에서 "목마른 자는 누구든지 내게 와서
마셔라"(요 7:37)라고 설교하셨을 때에, 이것을 들을 많은 사
람들은 "이분이 참으로 그 선지자구나!"(요 7:4)라고 말했다—
이는 모세가 반석에서 물을 내어 그들의 조상들로 마시게 했
기 때문이다.

사마리아인들이 기다렸던 메시아는 주로 이러한 모세—사
마리아인들은 이를 가리켜 타헤브(Taheb), 곧 '회복자'라고 불
렀다—의 모습에 집중되어 있다. 수가성 여인은 모세와 같은
선지자가 오면 "우리에게 모든 것을 보여줄 것이다"(요 4:25)
라고 말한 바 있다. 이와 유사하게 에비온파(모세오경 및 율법을 강
조했던 초대교회의 분파-역주) 역시 율법을 개혁하고 정화하는 메시

아로서 예수의 역할을 둘째 모세로 해석하였다.

우리는 쿰란공동체가 기대한 선지자가 언제 일어날 것인지에 대한 구체적인 정보는 얻을 수 없다. 하지만 그들이 마지막 때에 하나님의 뜻을 선포할 사람을 기다렸다는 것은 분명하다.

왕적 메시아

제4동굴의 『증언집』에서 메시아에 대한 두 번째 증거로 사용된 것은 야곱에게서부터 별이 나온다는 발람의 예언이다. 쿰란공동체는 이 예언을 즐겨 사용하였던 것 같다. 우리는 「사독훈계」에서 이 예언이 어떻게 사용되었는지 살핀 바 있다(본서 제3장). 이때 별은 "율법의 해설자"로,[34] 군사 정복자가 가진 홀은 "회중 전체의 지도자"를 가리키는 것으로 각기 해석되었다. 이 예언은 『전쟁규율』에서 하나님을 찬양하는 시편의 문맥 안에서도 발견된다. 여기에서 발람이 예언한 정복자는 바로 깃딤 및 다른 어둠의 자녀들에 대한 승리자이다(1QM XI 4-6).

전쟁은 당신에게 속한 것입니다. 우리의 힘이 아닌 당신의 힘으

로 가능합니다. 권세는 당신의 위대한 행위로부터 비롯하는 것
이지 우리의 손에서 나오는 것이 아닙니다. 당신은 옛적에 우리
에게 이렇게 말씀하셨습니다.

　한 별이 야곱에게서 나오고,

　한 홀이 이스라엘에게서 일어날 것이다.

　그가 모압의 우두머리를 부술 것이며,

　셋의 자손을 모두 멸망시킬 것이다.

이와 같이 『전쟁규율』에서 어둠의 자녀들을 정복하게 될 야
곱의 별은, 이하의 승리의 찬가에서 언급되고 있는, 빛의 자녀
들을 적과의 싸움에서 승리로 인도하는 권능자(גבור)임에 틀
림이 없다(1QM XII 10-13).

권능자여 일어나소서! 영광스러운 분이여 사로잡힌 자를 취하
소서! 용감하신 분이여! 당신의 노략물을 모으소서! 당신의 손
으로 원수들의 목을 잡으시고, 당신의 발로 죽은 자들의 무더기
를 밟으소서! 당신께 대적하는 민족들을 치시고, 당신의 칼로 죄
악 된 육체를 삼키소서! 당신의 땅을 영광으로 채우시고 당신의
유업을 복으로 채우소서! 당신의 진영에 많은 가축 떼가 있게 하
시고, 당신의 궁에 은과 금과 보석들이 있게 하소서!

다른 유대전승에서는 발람의 신탁에 나타난 야곱의 별을 다윗의 후손으로 오시는 메시아—발람이 말했던 야곱의 별은 본래 다윗 왕을 가리키는 것이기에, 이 야곱의 별을 다윗 후손의 메시아로 해석하는 것은 새로운 상황에 나타날 새로운 인물에 대입하는 것보다도 적절한 해석으로 볼 수 있다—로 간주한다. 예컨대, 주후 136년에 시므온 벤-코세바〔Ben-Kosebah〕가 랍비 아퀴바〔Aquiba〕에 의하여 진정한 메시아로 추대될 때에 바르 코흐바〔Bar Kokheba〕("별의 아들")라는 칭호를 얻게 된 것도 이 신탁에 기초한 것이다. 또한 예수께서 자신을 다윗 후손의 메시아로 지칭하면서 "별"로 묘사하고 있는 요한계시록 22:16 ("나는 다윗의 뿌리이며 자손이니, 곧 광명한 새벽 별이다") 역시 발람의 예언과 관련이 있을 것이다.

사해사본에서는 발람의 신탁을 어떻게 이해하고 있는가? 『전쟁규율』에 나타난 "권능자"를 이스라엘의 메시아로 볼 수 있는가? 현재까지 출간된 사해사본 본문들에 비추어 볼 때에 충분히 가능한 이야기이다. J.M. 알레그로〔Allegro〕는 『증언집』을 편찬하면서 제4동굴의 또 다른 세 문헌들과 함께 출판하였는데, 여기에 속한 각각의 문헌에는 다윗 가문에서 오게 될 통치자에 대한 중요한 언급이 나타난다. 첫째, 이들 중 잠정적으로 『지파장의 축복』〔4Q*Patriarchal Blessings*〕이라는 표제가 붙은 제4동굴 문헌에 아들 유다를 향한 야곱의 축복(창 49:10)이 다

음과 같이 나타난다(4Q252 V 1-4).[35]

> "유다 지파에서 통치자가 그치지 [않]을 것이다"(창 49:10, 개역개
> 정, "규가 유다를 떠나지 아니하며 통치자의 지팡이가 그 발 사이에서 떠나
> 지 아니하기를 실로가 오시기까지 이르리니 그에게 모든 백성이 복종하리로
> 다"-역주). 이스라엘을 다스리는 동안에 다윗의 보좌가 끊어지지
> [않을 것이다]. 여기에서 "통치자의 지팡이"는 왕권 언약을 가
> 리키고, "발"은 이스라엘의 가문들을 의미한다. 이는 의의 메시
> 아, 곧 다윗의 가지가 "올 때까지" 그러할 것이다. 그와 그의 자
> 손에게 그 백성들을 영원히 다스릴 왕권 언약이 주어졌기 때문
> 이다. (그는 그 언약을 지켰고 … 공동체에 속한 사람들과 함께 … 율법 ….)

이 단락에서 곧바로 이어지는 문장들이 심하게 훼손되어 있
기는 하지만 분명한 것은 다윗 후손의 메시아가 "율법" 및 "공
동체에 속한 사람들"과 관련하여 제시되고 있다는 것이다
(4Q252 V 5). 또한 창세기 49장의 난제인 "실로"에 관한 것은 여
기에서 단순히 "정당한 메시아"(문자적으로 "의의 메시아")로
해석된다.[36]

둘째, 잠정적으로 『성구해설집』(4QFlorilgium)이라는 표제가
붙은 문헌에는 다윗 가문의 회복에 대한 성구가 모여 있다. 이
때에도 다윗 후손의 메시아는 쿰란공동체의 삶 및 사상과 관

련되어 있다(4Q174 = 4Q1Flor 1 I 10-14).

> "주께서 너에게 집을 지어주겠다 [선]포하셨다. 그리고 내가 너
> 이후에 네 후손을 일으켜 그의 나라의 왕위를 [영원]히 세울 것
> 이다. 나는 그의 아버지가 되고 그는 나의 아들이 될 것이다"(삼
> 하 7:11-14). 이것은 다윗의 가지를 가리킨다. 그는 율법의 해설
> 자와 함께 마지[막] 날에 시[온에] 설 것이다. 기록된바, "내가
> 다윗의 무너진 장막을 일으킬 것이다"(암 9:11). 이는 그가 이스
> 라엘을 구원하기 위하여 세우실 다윗의 무너진 장막을 가리킨
> 다.[37]

여기에서 다윗 후손의 메시아와 함께 일어서게 될 "율법의
해설자"는 아마도 종말의 대제사장적 메시아일 것이다. "〔종말
론적〕 제사장의 입술은 지식을 지켜야 하고, 사람들은 그의 입
에서 율법을 구해야 한다"(말 2:7)라는 것과 같이, 이 종말론적
제사장은 탁월한 율법의 해설자이어야 하기 때문이다. 이 발
췌 단락은 흥미롭게도 「사독훈계」에 나타난 야곱의 별에 대한
해설과 병행을 이룬다(본서 제3장). 「사독훈계」에서는 야곱의
별을 "다메섹에 올 율법의 해설자"로 해석하는데(이때 "홀"은
장차 일어나 "셋의 모든 자손들을 멸할" "회중 전체의 지도자"
로 해석된다), 「사독훈계」의 또 다른 부분—본서 제3장에서

"우물의 노래"를 다루면서 살폈던 곳에서—을 보자면 이 율법의 해설자는 장차 올 자가 아니라 이미 등장한 것으로 보인다. 제사장적인 교사들이 이 칭호를 사용했을 수도 있겠지만, 마지막 때에 오게 될 율법의 해설자는 특별히 중요한 의미를 가지고 있는 종말론적 인물일 것이다.[38]

셋째로, 다윗 후손의 메시아는 이사야서에 대한 단편적인 페쉐르에서 확인할 수 있다(여기에서 이사야 10장의 마지막 구절과 11장의 첫 문장은 부분적으로 존재한다[본서 제6장을 보라]). 『이사야주석A』[4Q161 2-6 II 17-25; 4Q161 8-10 III 1-10]에서는 이사야 10:28-34를 "깃딤의 전쟁"과 연결시키고, 누군가가 훗날에 아코[Acco](프톨레마이스[Ptolemais]) 평원에서 예루살렘의 경계까지 전투하러 올라갈 것으로 묘사하지만, [이 부분이 훼손되어 문장이 끊겨져 있기에] 이 전사가 빛의 자녀들의 지도자인지 반대로 원수들의 지도자인지는 확실하지 않다. 이사야서의 본래 예언에서는 분명히 앗수르와 같은 적대적인 침략자를 가리키고 있는 것으로 보이지만, 우리가 이미 살펴본 바와 같이, 쿰란 주석가들이 성경 본문의 본래 의미들을 쉽게 무시하는 경향이 있다는 것을 간과할 수는 없기 때문이다. 하지만 "이새의 줄기에서 한 싹이 난다"라는 묘사를 담고 있는 이사야 11:1-5에 관한 주석 본문은 덜 훼손되어 있다(4Q161 8-10 III 18-25).

[그 해석은] 종말에 서게 될 다윗의 [싹과 관련되어 있다.] ··· 그리고 하나님께서는 그를 ··· 율법으로 ··· 세우실 것이며, 영광의 [보]좌와 거[룩한] 왕관과 다채로운 의복 ···. 그의 손에 ··· 그가 모든 민[족들]과 마곡을 다스릴 것이[며, 모]든 백성들을 그의 칼이 심판할 것이다. 그리고 "그는 [눈에 보이는 대로] 심판하지 않고 귀에 들리는 대로 판단하지 않을 것이다"라는 말씀에 대한 해석은 이러하다. ··· 그는 그들이 입으로 가르치는 [대]로 심판할 것이[며], ··· 대제사장들 중의 한 명은 자기 손에 의[복]을 들고서 ··· 나아갈 것이다.[39]

안타깝게도 "대제사장들 중 한 명"에 관한 정보는 훼손되어 있기에, 다른 곳에서 이스라엘의 메시아로 나타나고 있는 "대제사장"이 여기에서도 "다윗의 싹"과 동일 인물로 간주되고 있는지 확언하기는 어렵다. J.M. 알레그로는 문장이 손상된 곳에서 제사장이 다윗 후손 메시아의 대관식을 집례하려 한다고 추측하였다. 어느 경우이든지 간에, 우리가 살펴본 『증언집』과 다른 문헌들은 메시아에 관한 세부적인 요소들을 구성하는 데에 도움이 된다.[40]

제사장적 메시아

이제, "아론의 메시아"를 다룰 차례이다. 이상에서 인용했던 『증언집』에 나타나는 "모세와 같은 선지자"와 "야곱에게서 나오는 별"이 『공동체규율』에서 "이스라엘의 선지자"와 "메시아"와 대응된다면, 위에서 인용했던 『증언집』의 세 번째 단락에 등장하는 "레위"는 『공동체규율』에서 언급된 "아론의 메시아"와 매우 밀접한 관련을 가지게 된다. 이제까지 논의한 것들을 종합해볼 때, 대제사장인 레위는 새 시대의 진정한 지도자일 것이다. 다윗 후손의 왕으로서의 메시아조차도 그 대제사장에게 명령을 하달 받는다. 쿰란공동체는 예루살렘 밖에 거하면서 제사장직을 특별히 중시하였다. 쿰란공동체가 존재했던 기간, 곧 "벨리알의 시대"에는 신뢰할 수 없는 제사장이 예루살렘에서 제사장의 직무를 수행했지만, 이러한 상태는 언젠가 막을 내리게 될 것이었다. 선지자들이 다윗 왕가의 재건을 예언한 것처럼, 쿰란공동체 역시 레위의 제사장직, 특히 사독계 대제사장의 재건을 예언했다(참조, 렘 33:17 이하, 겔 44:15-16).

정리

　이와 같이 사해사본에 나타난 쿰란공동체의 기대에 따르자면, 새로운 시대의 도래는 참 선지자와 참 제사장과 참 왕의 나타남으로 구현된다. 그렇다면 의의 교사가 이 세 직분 중 하나와 동일시 될 수 있을까? 물론 그렇게 생각할 수도 있겠지만, 그럴 경우 의의 교사가 선지자에 해당하는지 제사장에 해당하는지 판단해야 하는 문제가 발생하게 된다. 종말의 때에 의의 교사가 행할 사역의 특징들을 고려한다면 그를 선지자적 메시아로 간주할 수 있을지 모르겠지만, 우리가 (이상에서 다루었던 것과 같이) 그를 율법의 해설자와 동일시한다면 새 시대의 위대한 제사장으로 여기는 것이 더욱 합당할 것이다. 하지만 우리가 오늘날 마주한 종말론이 얼마나 유동적이고 다양한지를 상기한다면 쿰란공동체가 가진 종말론적인 기대를 너무 엄격한 잣대로 규정하려고 하는 것은 현명하지 못한 것이다. 우리가 판단하건대, 쿰란공동체의 설립자인 의의 교사를 추후 마지막 때에 나타날 메시아적 인물로 보기는 어려울 것 같다.

제5장
야웨의 종과 사람의 아들

I. 사해사본에 나타난 야웨의 종

『이사야A』(1QIsaᵃ)의 야웨의 종

쿰란의 제1동굴에서 발견된 이사야서 필사본이 발간됨으로 써(1QIsaᵃ), 이사야 52:14에 대한 매우 흥미로운 독법이 드러났다. 마소라 텍스트가 כן משחת מאיש מראהו("그의 용모는 사람의 것보다 더 상하였다")라고 읽고 있는 부분에서, משחת는 보통 שחת('파괴', '망침')를 어근으로 하는 משחת라는 명사의 연계형으로 간주되어 왔다.[41] 물론 משחת는 그 형태에 있어서 משח를 어근('메시아'의 히브리어 어근-역주)으로 하는 משחה('기름을 부은')의 연계형도 가능하지만, 이렇게 해석하는 것은 이사야 52:14의 문맥과 어울리지 않는다. 하지만 쿰란 제1동굴에서 발견된 이사야 52:14 본문에서는 מִשְׁחַתִּי("내가 기름을 부었다")의 형태가 나타나는데 이는 분명히 후자의 의미를 대변하고 있다. 여기에서 논란이 되는 것은 이사야가 실제로, "많은 사람들이 그를 보고 놀랐는데, 나는 사람의 얼굴보다 그의 얼굴에 더욱 기름을 부었고, 사람의 아들들의 모습보다 그의 모습에 더욱 기름을 부었다"라는[42] 것을 의도하였는지 여부가 아니다. 이사야 52:14와 관련하여 논쟁의 중심에 있는 것은 쿰란공동체 구성원들이 야웨의 종을 메시아로 해석하려고 했는지 하는 것이다. 이와 관련하여 W.H. 브라운리(Brownlee)는 "사해사본에 나타난 야웨의 종"("The Servant of the Lord in the Qumran Scrolls," *BASOR* 132 (December 1953), 8ff. and 135 (October 1954), 33ff.)이라는 논제를 가지고 두 편의 논문을 기고하였다. 브라운리는 시편 45:7의 표현("하나님, 곧 왕의 하나님께서 왕에게 기쁨의 기름을 부으셨습니다")이 틀림없이 타르굼과 신약성경에 나타난 다윗 후손의 메시아와 동일한 인물을 지칭하고 있다는 것에 착안하여,[43] 사해사본에 나타난 이사야 52:14의 독특한 표현 역시 메시아를 가리키고 있는 것으로 보았다. 어떤 이들은 사해사본에 나타난 이사야서의 단어 자체를 달리 해석하려하기도 했다. 예컨대, A. 기욤(Guillaume)은 "나는 (다른) 사람들과는 다르게 그의 모습을 바꾸었다"라는 번역을 지지하기 위하여 아랍어 어근을 근거로 제시하였다. 그렇지만 히브리어 단어의 의미가 통용되는 곳에서 아랍어 어근을 살펴볼 이유는 없다.

브라운리가 야웨의 종을 사해사본의 이사야 52:14에 나타난 משחתי를 통하여 메시아로 해석한 것이 옳다면, 이는 야웨의 종을 메시아라고 직접 이야기하고 있는 요나탄 타르굼의 예(사 52:13, "보라, 나의 종 메시아가 흥할 것이다")보다도 자연스러운 증거가 될 수 있을 것이다. 더불어 이사야 61:1의 화자가 야웨의 종이라면("주 야웨의 영이 내게 임하셨으니, 이는 야웨께서 내게 기름을 부으시고 고통받는 자들에게 아름다운 소식을 전하게 하셨다"), 야웨의 종과 메시아의 동일시는 성경 자체에 이미 존재하고 있던 사상이라고 간주할 수도 있다. 또한 이사야 42:1에도, 동사 משח가 사용되지는 않았지만, 야웨의 종이 곧 메시아라는 사상이 내포되어 있다("내가 내 영을 그 위에 두었다"[참조, 사 4:2에서 "이새의 그루터기에서 나온 싹"에 대하여 비슷한 용어가 사용되었다]).

타르굼에서 야웨의 종을 메시아와 동일시할 때에, 다윗 후손의 왕인 메시아를 염두에 두고 있는 것이 분명하다. 그렇다면 제1동굴에서 발견된 이사야서 본문(1QIsaᵃ)이 야웨의 종을 메시아와 동일시하고 있다면, 어떠한 메시아를 의도하고 있는 것일까? 이사야 52:15("그래서 그가 많은 민족들에게 뿌릴 것이다")에 비추어 보자면 제사장적 메시아로 볼 수 있다. 여기에서 무언가를 뿌리는 장면은 정결케 하기 위한 제사장의 행위에 속하기 때문이다. 필자는 브라운리가 이사야 52:15의 동사 חזה를 "뿌리다"는 의미로 이해한 것〔대부분의 역본은 "[많은 민족들을] 놀라게 할 것이다"로 번역하고 있다-역주〕에 동의하며, 또한 쿰란의 해석 관점에 따라 "야웨의 종이 받은 기름 부음은 구별되어 제사장적 직무를 맡게 됨을 가리키며, 제사장이 된 야웨의 종은 다른 이들에게 '뿌릴 수' 있었다"(*BASOR* 132, 10)라고 말한 것에도 동의하는 바이다.

『공동체규율』의 야웨의 종

하지만 우리는 사해사본에서 야웨의 종에 대한 더욱 흥미로운 해석들을 관찰할 수 있다. 위에서 언급한 제사장적 메시아〔야웨의 종〕는 의로운 공동체 전체의 대표자였을 것이다. 그리고 그 공동체 자체는 그 종의 역할을 성취한 것으로 간주된다. 그 공동체의 구성원들은, 하나님의 율법을 부지런히 연구하고 실행하며 경건치 않은 자의 실수를 용납함으로써 하나님께 인정을 받았을 뿐 아니라 그릇 행한 동료들(비록 이스라엘을 잘못 인도하였던 악한 통치자들도 해당하는 지는 분명치 않지만)의 죄를 속하기 위한 열심도 가지고 있었다. 『공동체규율』〔*Rule of the Community*)에 이러한 공동체의 모습이 묘사되어 있다.

> 그의 모든 죄악들은 하나님의 참된 가르침의 영으로 용서될 것
> 이다. 그 때서야 비로소 그는 생명의 빛을 바라보게 될 것이다.
> 그가 자신의 모든 죄악들로부터 정결하게 되는 것은 하나님의
> 진리 안에서 공동체에게 주어진 거룩한 영에 의해서이다. 정직
> 하고 겸손한 영을 통해 그의 죄가 용서받을 것이며, 하나님의 모
> 든 규례에 복종함으로써 그의 육체는 정결하게 하는 물(מי נדה)
> 이 뿌려져 정결하게 되며 씻는 물로 거룩하게 될 것이다. 그리
> 하여 그는 하나님의 모든 길들, 즉 정해진 절기들에 관한 규례
> 들을 완전히 지키기로 자신의 걸음을 정하고, 오른쪽으로나 왼
> 쪽으로 돌아서지 않고 어떠한 하나님의 말씀도 어기지 않을 것
> 이다. 그때에 그는 하나님의 눈에 기쁜 속죄의 수단으로 받아들
> 여지고, 그것은 그에게 영원한 공동체의 언약이 될 것이다.
> (1QS III 6-12).

> 그때 하나님께서 그의 진리로 사람의 모든 행위들을 정결하게
> 하고, 그분 자신을 위하여 사람의 아들들보다도 (사람을) 씻으
> 실 것이다.[44] 그리하여 육체 가운데에 있는 모든 악한 영을 파멸
> 할 것이며 거룩한 영으로 그를 모든 악한 행동으로부터 깨끗하
> 게 하실 것이다. 그는 진리의 영을 정결하게 하는 물(מי נדה)과

같이 그에게 뿌려 모든 가증스러운 것들로부터 그를 정결하게 할 것이다. (1QS IV 20-21).

모든 사람이 공동체 안에서 그들의 [악한] 성향과 곧은 목에 할례를 하여 이스라엘, 곧 영원한 언약공동체를 위한 진리의 기초를 마련해야 한다. 그들은 아론 가문에서 거룩함을 위하여 자원한 자들이며 공동체의 삶을 살면서 율법을 어긴 모든 자들을 재판하고 판결하며 정죄하는 일에 참여한 사람들이다. (1QS V 5-7).

이스라엘 안에 이러한 일들이 모든 규율에 따라서 발생하게 될 때, 즉, 거룩한 영은 원원한 진리 안에서 서고, 반역과 신실하지 못한 죄는 사라지며, 그 땅을 위한 속죄는 번제의 고기나 기름 없이도 이루어질 때에, 옳은 판단에 따른 입술의 제사는 달콤한 의의 향기와 같을 것이며, 자발적인 제사로서의 완전한 행동이 될 것이다. (1QS IX 3-5).

여기에서 물을 뿌려 정결케 하는 이미지(מי נדה)는 민수기 19장의 정결규례와 에스겔 36:25-27의 언약이 반향된 것이다. "내가 너희 위에 정결한 물을 뿌려 너희를 깨끗하게 할 것이다. 내가 너희를 너희 모든 더러움과 너희 모든 우상들에게서 정결케 할 것이다. 내가 너희에게 새 마음을 주고 너희 가운데 새 영을 줄 것이니, 내가 너희 육신으로부터 돌 같은 마음을 없애고 너희에게 살 같은 마음을 줄 것이며, 내 영을 너희 가운데 두어 너희가 내 율례 안에서 행하고 내 법도를 지켜 행하게 할 것이다"(겔 36:25-27). 이때 공동체의 정결의식을 통해 삶이 의롭게 되는 것이 아니라 내적이고 개인적인 거룩함이 외적 표지인 정결의식으로 드러나는 것뿐이다. 쿰란공동체는 예루살렘의 성전에서 행하여지는 제사 의식에 참여할 수 없었는데, 사실 그들은 부정한 제사장들이 거룩한 장소를 더럽혔다고 보면서 하나님을 경외하는 마음과 정결한 입술이 하나님께서 받으시는 제사라고 믿었기에 성전 제사에 참여하지 않을 수 있었던 것이다.[45] 우리는 여기에서 에세네파가 독특한(우월한) 자신들만의 정결의식이 있었기에 성전에 제물을 가져오지 않았다는 요세푸스의 언급을 상기해볼 수도 있다.[46] 더 나아가 쿰란공동체가 하나님께 드린 순종과 찬양의 제사는 자신들만을 위한 것이 아니라 온 이스라엘의 죄를 속하기 위한 것이기도 했다(1QSa I 1-3).

> 이것은 마지막 때에 이스라엘 온 회중이 지켜야 할 규율이다. 그들은 사독의 자손들, 곧 제사장들과 언약에 참여한 사람들—백성들의 길에서 돌아선 자들—의 결정을 따라 함께 행하기로 한

자들이다. 그들은 하나님의 뜻을 따르는 자들로 [땅을 속]죄하
기 위하여 악한 세상 가운데에서 그분의 언약을 지킨 자들이
다.[47)]

1QS VIII에도 이와 유사한 표현이 나타나는데, 여기에서 공
동체 공의회의 구성원들이 다음과 같이 묘사된다.

〔십오인회(세 명의 제사장과 열두 명의 남자로 구성된 공동체 공의회)는〕
이스라엘을 위한 영원히 존속할 거룩한 집이자 아론을 위한 지
성소의 기초가 될 것이다. 그들은 재판에 있어서의 참된 증인들
이며, 그 땅에 대해서는 속죄하고 악인들에 대해서는 보응하려
는 하나님의 뜻에 의하여 선택된 자들이다. … 그들은 그 땅에
대해서는 속죄하고 악인들에 대해서는 심판을 행하여 악이 더
이상 있지 않게 하려는 하나님의 뜻을 이룰 것이다. (1QS VIII
5-7, 10).

우리는 이와 같은 사상을 요나탄 타르굼에 나타난 야웨의
종에 관한 내용과 비교해볼 수 있다. "그는 우리의 범법함을 위
하여 탄원할 것이며, 우리의 죄는 그를 위하여 용서를 받을 것
입니다. … 그가 징벌을 받음으로 우리가 평화를 누리고, 그가
채찍에 맞음으로 우리가 고침을 받았습니다. 우리는 모두 양

같이 방황하여 각기 제 길로 흩어졌지만, 그를 위하여 우리 모두의 죄를 용서하는 것은 주께 기쁨입니다"(사 53:4-6, 요나탄 타르굼). 이처럼 요나탄 타르굼의 화자, 즉 이스라엘 백성이 용서를 받게 되는 것은 메시아를 위한 것이다. 하지만 쿰란문헌에서는 의로운 공동체를 위하여 용서가 주어지는 것이라 말한다. 또한 타르굼에서 야웨의 종은 고난으로부터 벗어나는 것으로 묘사되어 있지만, 쿰란문헌에서 종이 겪는 고난은 감소되지 않는다.[48]

『감사찬양』의 야웨의 종

또한 우리는 『감사찬양』의 화자에게서 야웨의 종에 대한 더욱 풍성한 묘사들을 발견할 수 있다. 곧, 『감사찬양』 화자는 야웨의 종이 거룩과 지식의 영을 받았다고 반복적으로 이야기한다.

당신의 종인 저는
당신께서 제 안에 두신 영으로
[당신의 모든 판단이 옳다는 것과]
당신의 모든 길이 의롭다는 것을 배웠습니다.

(1QH XIII 18-19)

하지만 당신께서는 당신의 종인 저에게 은혜를 주셔서
[진리와] 지식의 영을 주셨습니다.
(1QH XIV 25)

당신께서는 [당신의] 거룩한 영을
당신의 종에게 주셨습니다.
(1QH XVII 26)

이 본문에서 이사야 42:1("나의 종을 보라 … 내가 내 영을
그의 위에 두었다")을 떠올릴 수도 있겠지만, 야웨의 종 이외
의 다른 많은 종들에게도 이와 같은 언어가 사용되었다. 『감사
찬양』의 또 다른 단락에는 이보다 더욱 분명하게 종의 노래를
반향하고 있는 본문들이 있다.

당신은 제 조상의 때로부터 저를 아셨고,
제 어머니의 태에서부터 [저를 구별하셨습니다].
당신은 제 어머니의 [몸에서부터] 저를 선대하셨고,
저를 잉태한 어머니의 가슴으로부터
당신의 긍휼이 제게 임했습니다.

제 유모의 무릎에서 [당신은 저를 키우셨고],

제가 젊을 때부터 당신의 판단을 이해할 수 있도록

자신을 보이셨습니다.

또한 당신은 진리로 저를 확실하게 도우셨고,

당신의 거룩한 영으로 저를 기쁘게 하셨습니다.

(1QH IX 29-32)

시적 화자가 태중에서부터 진리의 전달자로 구분되었다는 언급에서 예레미야의 소명(렘 1:5)을 떠올릴 수도 있겠지만, 이사야 44:1("나의 종 야곱, 내가 택한 이스라엘아")의 진술과 관련지어 생각해 볼 여지도 있다. 하지만 이보다도 더욱 직접적으로 이사야 50:4-9의 종의 노래를 반향하고 문장들이 『감사찬양』의 또 다른 단락에 나타난다.

제 혀는 당신의 제자들의 혀와 같습니다.

(1QH VII 10)

저는 [당신의 제자들의 혀로]

목소리를 높일 수 없었습니다.

비틀거리는 자들의 영을 소생시키고

곤한 자들을 말씀으로 붙들도록 ….

(1QH VIII 35-36)

두 번째 예에서 화자는 자신이 사명―이사야 50:4("주 야웨
께서 내게 가르침을 받은 자의 혀를 주셔서 지친 자를 말로 돕
는 법을 알게 하셨다")와 유사한―을 적절하게 감당하지 못한
경우에 대하여 말한다.

『감사찬양』의 또 다른 본문에서 화자는 이사야 53:3의 종에
관한 언어, 곧 "멸시를 당하고 사람들에게 버림받았으며, 슬픔
의 사람이며 질병을 아는"이라는 표현을 반향한다.

> [제] 거주지는 병으로 가득하고,
>
> 제 쉴 곳은 상처를 입었습니다.
>
> 그리고 저는 버림받은 자와 같습니다.
>
> (1QH VIII 26-27)

여기에서 "상처를 입었습니다"라고 번역된 단어는 이사야
53:4에 나타나는데("그런데 우리는 그가 상처 입었다고[נגוע]
생각했다"), 이때의 **נגוע**는 나병을 가리키는 것으로 간주되곤
한다.

정리

이 모든 것의 결론은 쿰란공동체가 야웨의 종의 사역—복종
과 고난으로 많은 사람들의 죄를 속하고 그들을 의로 돌이키
는—을 성취하도록 부름을 받았다고 스스로 생각했다는 것이
다. 야웨의 종이 "많은 사람들을 의롭게 할 것"(사 53:10)이라
는 진술은 다니엘서 12:3에서 반영되어 "지혜로운 사람들"(박
해받은 마스킬)이 "많은 사람들을 의로 돌이킬 것이다"라고
나타나고 있다는 점을 고려해 볼 때에, 쿰란공동체가 자신들
을 마스킬림—다니엘서에 나타난 마스킬림의 계승자라고 분
명하게 주장(모든 가능성에 역사적으로 정당화된 주장)하면
서—으로 부르고 있다는 점은 우리에게 큰 의미를 가져다준다.

　하지만 쿰란공동체 전체가 이사야서에 나타난 종의 사역을
성취하는 자로 나타나고 있다 하더라도, 야웨의 종이 어떻게
공동체의 대변자로서 작은 그룹 내지는 심지어는 개개인의 모
습으로 묘사될 수 있었는지 이해하는 것은 어렵지 않다. 작은
그룹의 예로는 『공동체규율』에 나타난 십오인회—우리가 이
미 살펴보았다—가 있으며(1QS VIII 5), 종의 경험, 곧 공동체
의 경험을 1인칭으로 서술하고 있는 경우로는 『감사찬양』이
있다. 『감사찬양』의 저자가 의의 교사이든 아니든 간에 공동체

의 대표자였던 것은 분명하다. 동일하게, 쿰란공동체가 기대
하던 '메시아적' 인물들은 쿰란공동체 및 이스라엘 백성 전체
의 대표자로 간주되었을 것이기에, 메시아들 중 하나가 이러
한 야웨의 종으로 나타나더라도 이는 매우 자연스러운 것이
다. 우리는 이사야 52:14-15〔종의 노래의 일부〕에 나타난 '뿌리다'
는 뜻의 동사 נזה를 통하여 제사장적 메시아의 가능성에 대하
여 살펴보았다〔즉, 야웨의 종이 제사장적 메시아일 수 있다는 것이다-역
주〕. 또한 M. 블랙〔Black〕도 이와 유사하게 『레위의 유훈』 18장
에 나타난 〔야웨의 종과 같은〕 희생적 인물이 제사장적 메시아를
암시하고 있다고 추측하면서도,[49] 또 다른 곳에서는 "모세와
같은 선지자"가 〔야웨의 종과 같은〕 순교자적 죽음을 맞이하게 될
것에 대한 암시를 발견하였다.[50]

II. 쿰란 사상 안에서의 사람의 아들

　사해사본에 나타난바 쿰란공동체가 행하는 속죄는 불경건
한 자들에 대한 심판과 관련이 있다. 우리는 본서 제1장에서 하
박국 1:12b("주께서 그를 두시고 심판하게 하셨습니다. 반석이
시여, 주께서 그를 세우셔서 징벌하게 하셨습니다")에 대한 하

박국 주석가의 해석을 다루었는데, 이 본문을 다시 한 번 살펴
보도록 하겠다.

> 이 말씀의 해석은 이러하다. 하나님께서는 자기의 백성들을 이
> 방 민족들의 손으로 멸하지 않으신다. 오히려 하나님께서는 그
> 분의 선택하신 자의 손에 모든 이방 민족들에 대한 심판을 맡기
> 실 것이며, 고난의 때에 계명을 지키는 자들은 하나님의 백성 중
> 모든 악한 자들을 징벌로 정죄할 것이다. (1QpHab V 3-5).

여기에서 "그분의 선택하신 자"(בחירו)는 히브리어 철자에
따르면 단수(בחירו: '그분의 선택하신 자')나 복수(בחירו: '그분의 선택
하신 자들') 모두를 가리킬 수 있는데, 문맥을 고려한다면 복수
로 보는 것이 더욱 적절하다. 왜냐하면 이 표현은 분명히 "고
난의 때에 계명을 지키는 자들", 곧 박해에도 불구하고 믿음을
지켰던 의의 교사의 제자들을 가리키고 있기 때문이다. 이들
은 "아론의 거룩함과 진실한 이스라엘의 가문에 속하기를 바
라는 모든 사람들의 죄를 용서"하면서 동시에 "모든 율법의 범
법자들을 정죄"한다(1QS V 6-7). 마치 쿰란공동체 내부에서 자
체적으로 "그 땅의 죄를 용서할 뿐 아니라" "악이 더 이상 있
을 수 없도록 악한 자들을 심판"하는 것처럼 말이다(1QS VII
10). 『하박국주석』에 따르면 하나님의 선택을 받은 자들에 의

하여 심판을 받게 될 악한 자들은 이방의 압제자들만이 아닌 이스라엘 내에 존재하는 악한 자들이기도 하다. 아마도 쿰란 공동체가 행하는 속죄의 수혜자는 악한 통치자들에 의하여 길을 잃게 된 이스라엘 백성 계층일 것이다.

하지만 종말의 때에 쿰란공동체가 심판의 대리자가 될 것으로 기대되고 있다면, 쿰란공동체는—야웨의 종과 동일시될 수 있을 뿐 아니라—다니엘의 환상에서 나타난 바와 같이 하나님께로부터 권세와 나라를 받아 세상을 영원히 통치할 "사람의 아들과 같은 이"(단 7:13-14)와 동일시 될 수도 있다. 다니엘의 환상에 대한 해석(아람어, פשׁר)에 따르면, 이 "사람의 아들과 같은 이"는 심판과 통치의 권세를 가진 "지극히 높으신 분의 성도들"과 유사한 존재인데(단 7:18, 22, 27), 『사독문헌』에서는 "지극히 높으신 분의 성도들"이 쿰란공동체의 구성원들을 지칭하는 것으로 나타나기 때문이다(CD XX 8; 참조, "언약에 속한 거룩한 자들", 1QM X 10).

우리는 쿰란문헌과 관련이 있는 『에녹1서』에서, "사람의 아들"이[51] 선택을 받은 자(Elect One)이자 의로운 자(Righteous One)로 간주되며, "선택 받은 자들", "의로운 자들," "거룩한 자들"로 불리는 백성들과 연관이 있다는 것을 확인할 수 있다("사람의 아들"이 단수 표현과 복수 표현 모두 관련이 있다는 것이다-역주).[52] 『에녹1서』에서 사람의 아들에게는 고난이 예언되지 않았지만, 사람의 아들과 관련이 있는 의로운 공동체에게는 분명히 이사야서의 야웨의 종과 같이 고난이 예언되고 있다. 더 나아가 의로운 자들은 단지 고난을 겪을 뿐 아니라 다니엘서의 사람의 아들과 같이 심판을 시행하기도 한다.

> 그 날에 땅의 왕들과 권세를 가진 강한 자들은
> 그들의 행위로 인하여 얼굴을 들지 못할 것이다.
> 환난과 고난의 날에
> 그들은 자신의 생명을 구원(할 수가) 없기 때문이다.
> 그리고 나는 그들을 나의 택함을 받은 자들의 손에 붙일 것이다.
> 그들은 불 속에 던져진 마른 잎처럼
> 거룩한 자들 앞에서 불타 없어질 것이며
> 물속에 내 던져진 납처럼 의인들 앞에서 가라앉아
> 흔적도 없이 사라져 버릴 것이다.
> (『에녹1서』 48:8-9)

복음서에서 예수께서 자신을 사람의 아들로 칭하실 때에, 단지 구름을 타고 능력과 큰 권능을 가지고 오셔서 모든 사람들에게 그 행한 대로 보응하러 오시는 사람의 아들일 뿐 아니라(막 13:26, 14:62; 마 16:27, 25:31 이하), (더욱 특징적으로) 죄를 사하고 많은 고난을 감내하며 경멸을 당하고, 섬김을 받기 위한 것이 아니라 섬기고 많은 사람들을 위하여 자기의 목숨을 대속물로 주는 사람의 아들로 온다는 것은 잘 알려져 있다(막 2:10, 9:12, 10:45). 더불어 다니엘서의 사람의 아들은 이사야에 나타난 야웨의 종의 모습과 혼합되어 있다는 것이 일반적으로—그리고 필자가 믿기에 옳다—주장되고 있다.[53] 예수께서 직접 자신의 인격과 사역 안에서 이러한 구약의 인물들의 모습이 성취되었다고 해석하신 것은 기독교에 독특한 특징을 부여하였다. 하지만 주후 70년보다도 한두 세기 앞선 시기에, 예수와 그의 제자들 외에도, 구약에서 약속한 때가 이르렀다고 선포하면서 이사야 40-66장과 다니엘서에 비추어 종말의 완성을 선언한 자들이 있었다는 것은 이제 분명해진 것 같다. 또한 다니엘서의 환상이 부분적으로 이사야서의 종의 노래에 의존하고 있으며 (더욱 독특하게) 다니엘의 "사람과 같은 이"가 처음부터 이사야의 "야웨의 종"과 동일시되고 있다는 것을 지지하는 좋은 근거 역시 존재한다.[54]

그리하여 쿰란공동체는 "지혜롭게 행하며"(יַשְׂכִּיל〔단수〕, 사 52:13) "많은 사람들을 의롭게 하는"(יַצְדִּיק לָרַבִּים〔단수〕, 사 53:11) 종의 역할 및 다니엘서가 말한바 "지혜로운 자들"(사 52:13의 יַשְׂכִּיל과 같은 동사에서 나온 מַשְׂכִּילִים〔복수〕)이자 "많은 사람들을 의롭게 하고"(단 12:3, מַצְדִּיקֵי הָרַבִּים〔복수〕) "세상을 다스리는 권세를 가진 사람의 아들〔단수〕"(단 7:13-14)

이자 "그 땅을 심판하는 성도들〔복수〕"(단 7:18-28; 참조, 고전 6:2)의 역할을 성취하기 위하여 고군분투 하였다. 야웨의 종과 사람의 아들이 개인을 지칭하는 것인지, 아니면 공동체를 지칭하고 있는 것인지에 관한 사해사본의 진자운동은 사실 이미 성경 자체에 나타나고 있다.

이러한 "언약의 자손들"이 스스로 부여한 용서와 심판의 이중적인 역할을 고려할 때에, 우리는 쿰란공동체의 규율의 엄격함을 더욱 잘 이해할 수 있을 것이다. 쿰란공동체 구성원들은 어떠한 희생이 따르더라도 오직 하나님의 율법에 대한 완전한 복종만이 그들의 숭고한 목적을 성취할 수 있는 길이라고 믿었다. 어느 누구도 언약 공동체에 들어가도록 강요받지 않았다. 그 공동체에 들어가고자 원했던 사람들은 이러한 규율에 대하여 잘 알고 있었다.

제6장
다니엘서 해석

본서 제5장에서 우리는 사해사본과 구약의 다니엘서 사이에서 발견할 수 있는 수많은 흥미로운 공통점들을 확인할 수 있었다. 쿰란문헌에서는 라즈(רז: 신비)를 페쉐르(פשר: 해석)함으로써 구약을 주석하는데, 이는 신적인 비밀이 먼저 주어지고 그것의 의미를 해석하는 다니엘서의 방식과 동일하다. 쿰란공동체는 자신들을 다니엘의 환상에 나타난 "사람의 아들과 같은 이"이자 "지극히 높으신 분의 성도들" 및 "지혜로운 사람들"—이 세 표현 중 뒤의 두 표현은 공동체를 가리키는 집합적인 용어로 나타난다—로 간주하였다. 쿰란공동체의 구성원들은 셀류키드 왕조의 박해 및 배교의 시대에 하나님을 신뢰하는 자들로 증명된 משכילים(마스킬림, "지혜로운 사람들")의 직접적인 계승자일 가능성이 높으며, 이 마스킬림의 때에 봉인되었던 다니엘서가 "공개"되었을 수도 있다(단 12:4,

9). 우리는 종말에 다니엘서가 공개되었을 때에 다니엘의 예언을 "부지런히 연구"하여[55] 지식이 더하게 될 것이라는 예언(단 12:4b)이 바로 쿰란공동체 안에서 성취되었다고 생각할 수도 있을 것이다. 쿰란공동체 구성원들은 물론 "악한 자는 아무도 깨닫지 못하나 '마스킬림'(지혜로운 사람들)은 깨달을 것이다"(단 12:10)라는 다니엘서 말씀을 읽을 때에, 당연히 자신들을 가리키는 것으로 간주했을 것이다.

여러 쿰란동굴에서 발견된 모든 사해사본 단편들이 출판되면 쿰란공동체와 다니엘서 사이의 관계를 더욱 분명하게 조명할 수 있을 것이다. 우리는 또한 다니엘 내러티브와 관련한 문학 작품들에 비추어 더욱 많은 것들을 확인할 수도 있다. 예컨대, 다니엘서 4장에 나타난 느부갓네살 왕의 광기에 대한 구약성경의 묘사와 유사한 내용이 나타나는 『나보니두스의 기도』 및 다니엘 이야기와 관련한 또 다른 단편들이 출판되면서 이에 대한 우리의 관심은 이미 고조되었다.[56]

하지만 현재로서는 다니엘서를 해석하고 있는 사해사본 몇 편을 살펴보고자 한다.

I. 칠십 이레

「사독훈계」의 서두에서, 우리는 하나님께서 "진노의 시대, 곧 이스라엘 백성을 느부갓네살 왕의 손에 붙이신지 390년이 지났을 때에" 자기의 백성을 어떻게 찾아가셨는지, 그리고 그들 중에 거룩한 공동체를 어떻게 일으키셨는지 확인할 수 있다. 하지만 그 공동체는 "의의 교사가 일어나 그들을 하나님의 마음으로 인도"하기 전까지 "20년 동안은 앞을 보지 못하여 더듬어 길을 찾는 사람과 같았으며"(CD I 5), 의의 교사가 죽은 후에는 "거짓의 사람〔Man of Falsehood〕과 함께 돌아온 전쟁의 모든 사람들이 사라질 때까지" 40년 동안 몰락하였다(CD XX 14-15).

이때 「사독훈계」에서 언급되고 있는 390년이라는 시간은 에스겔 4:4-5에서 유래했을 수도 있다. 그곳에서 에스겔은 하루를 일 년으로 환산하여 상징적으로 390일 동안 이스라엘 집의 죄를 짊어지라는 명령을 받는다. 그러나 『사독문헌』 저자는 390년이라는 숫자를 더욱 구체적인 의도를 가지고 다니엘의 칠십 이레(490년) 예언과 연관 지은 것 같다. 즉, 390년에 의의 교사가 일어나기 전의 20년과 의의 교사가 죽은 이후의 40년을 더하면 총 450년이 되는데, 여기에 40년으로 추산되는 의의 교사의 사역 기간을 더하면 칠십 이레, 곧 490년이 된다는 것이다. 이러한 수치는 『사독문헌』 기자가 역사적인 확신을 가지고 기록할 수 있었던 정보라기보다는 의미를 담기 위한 의도로 볼 수 있는데, 어떤 경우이든 사독 저자가 다니엘의 칠십 이레를 염두에 두었다고 증명하는 것은 불가능하다. 하지만 제2성전기의 마지막 2세기 동안 형성된 칠십 이레에 대한 다양한 해석들에 비추어 볼 때, 쿰란공동체 역시 칠십 이레에 대한 해석을 이미 가지고 있었고 『사독문헌』 저자 역시 「사독 훈계」에서 이 칠십 이레에 관한 것을 말하고 있다고 추측하는 것은 무리가 아닐 것이다.

다니엘서 4장에서 우리는 주전 587년 예루살렘이 몰락한지 70년 만에 회복될 것이라는 예레미야의 예언이 성취되지 않은 것처럼 보였기에 낙심하며 기도하고 있는 다니엘을 볼 수 있다. 이때 가브리엘 천사가 나타나 예레미야 예언의 70년을 칠십 이레, 곧 7개의 70년으로 재해석해 주면서, 칠십 이레를 세 부분으로 나누어 설명했다. 첫 번째 기간은 "예루살렘을 회복하여 세우라는 말씀이 나온 때로부터 기름 부음을 받은 자, 곧 통치자가 올 때까지"(단 9:25) 일곱 이레(49년)이다. 이는 다소 분명하다. 곧, 예루살렘의 회복에 관한 신적 명령이 공포(렘 30:18, 31:38-40)—아마도 587년으로 예루살렘이 멸망하기 시작한 시점과 일치한다—된 지 49년이 지난 후〔주전 538년〕에 성

전을 재건하라는 고레스의 칙령—이 칙령은 사독계의 제사장
직이 여호사닥의 아들 여호수아를 통하여 회복되는 것과도 관
련이 있다—이 반포된 것을 가리키는 것으로 볼 수 있다.[57]

　두 번째 기간은 예루살렘의 재건과 관련이 있는 육십이 이
레로서, 이때에는 "기름 부음 받은 자가 끊어지며, 앞으로 올
통치자의 군대가 성읍과 성소를 무너뜨리게 된다"(단 9:26).
오늘날 대부분의 주석가들은 이 기간을 고레스의 칙령이 반포
된 이후로부터 셀류키드의 박해가 시작되기 몇 해 전, 곧 사독
계의 마지막 대제사장 오니아스 3세가 면직되고 암살될 때까
지라고 해석한다. 그 실제 기간이 주전 538년부터 주전 171년
(오니아스의 사망)까지로 434년(육십이 이레)에 미치지 못하
기는 하지만 이러한 사실은 의도적으로 사용된 숫자를 다룰
때에 그렇게 중요한 사안은 아니다. 혹여 다니엘서 9:26의 "기
름 부음을 받은 자"를 예수와 동일시하는 전통적인 기독교의
해석을 따른다 하더라도 육십이 이레는 434년을 상당히 초과
하게 된다.[58] 주목할 만한 것은 가장 초기의 기독교가 "기름 부
음을 받은 자, 곧 통치자"(단 9:25, מָשִׁיחַ נָגִיד)를 기독교의 메
시아로 해석하는 것이 아니라(이것이 기독교의 표준적인 이해
가 되긴 했지만) 여호수아부터 알렉산더 얀네우스까지의 유대
대제사장들로 해석하고 있다는 것이다.[59] 이러한 해석은 유대
교의 해석을 차용한 것이 분명한데, 필자는 초기의 기독교가

따랐던 유대적 해석과 같이 "기름 부음을 받은 자"를 여호수아부터 오니아스 3세까지 포로 후기의 사독계의 대제사장과 동일시하는 것을 지지하는 바이다.[60] 고레스 치하에서 사독계 제사장이 회복된 것과 안티오쿠스 4세 치하에서 그 제사장들이 끊어진 것 모두는 이 육십이 이레에 해당하는 것으로 간주되어 왔다.

셋째, 마지막으로 남은 한 이레는 이방 왕의 박해가 극에 달해 배교자들은 늘어가고 예루살렘은 파괴되며 성소가 더럽혀지는 시기로서, 이 기간이 끝난 후에는 의가 영원히 서게 될 것이 예언되었다.

하지만 이스라엘 백성이 주전 164년 12월에 성전을 정화하고 봉헌한 것이나 그로부터 약 20년 후에 제사장-왕직을 가지고 있었던 하스모니아 왕가 치하에서 독립한 것은 마스킬림이나 다른 경건한 유대인들이 바라던 예언의 성취가 아니었다. 이들의 소망이 유예되면서 칠십 이레 중 마지막 한 이레는 재해석되어야 했는데, 그 재해석의 흔적은 몇몇 유대교 및 기독교 문헌에 남아있다. 처음에, 마지막 한 이레는 알키무스와 요나탄 사이에 있었던 7년간의 대제사장의 부재 기간으로 간주되었다(주전 160-153년).[61] 하지만 그 이후에 마지막 이레의 시작은 알렉산더 얀네우스가 직위에 오르는 주전 103년에 맞추도록 재조정되었다.[62] 이후에 얀네우스의 통치가 7년 이상

지속된 것으로 드러났을 때, 또 다시 마지막 이레는 하스모니아(와 후기-하스모니아) 왕가가 대제사장직을 가지고 있던 전체적인 기간을 포함하도록 확장된 것으로 재해석되었다. 이러한 확장은 『레위의 유훈』 16:1-17:11에서 (이 본문이 우리에게 혼란스러운 상태로 내려왔음에도 불구하고) 악한 제사장들의 통치 기간을 칠십 이레나 일곱 이레의 틀에 맞추려는 시도의 기초가 된다.

사해사본에서 다니엘서의 칠십 이레를 아주 정교하게 해석하여 나누고 있지는 않지만, 중간의 육십이 이레를 포로기 이후에 사독계 제사장의 통치를 아우르는 기간으로 해석한 것은 매우 설득력이 있다. 그와 같이 「사독훈계」는, 에스겔에 언급된 390년을 사용하여, 칠십 이레의 세 시대를 나누는 또 다른 방식을 제시해 줄 것이다.

II. 『전쟁규율』과 다니엘서 11장

깃딤(필자가 로마 사람들을 지칭하는 것이라고 주장했던)의 유대 정복으로 인하여 다니엘서에 나타난 환상의 결론〔의로운 자들의 승리〕이 실제 역사에서 실현되기를 바라는 움직임들이 나타났다. 이러한 기대는 매우 흥미로운 문헌인 『전쟁규율』에 잘 보존되어 있다.

대부분의 주석가들은 다니엘 11:21에서부터 계속해서 확인할 수 있는 안티오커스 4세의 말년에 대한 모습이 흔히 알려진 것과는 맞지 않는다고 느끼는데, 다니엘 11:36에서부터—특히 40절에서—확인할 수 있는 인물에 관한 묘사를 보자면 이는 사실이다. "자기 마음대로 행하는 왕"(단 11:36)에 관한 천사의 예언의 내용을 살펴보자면 다음과 같다.

> 마지막 때에 남방 왕이 그와 힘을 겨룰 것이나 북방 왕이 병거와 마병과 많은 배로 회오리바람처럼 그에게로 마주 와서 그 여러 나라에 침공하여 물이 넘침 같이 지나갈 것이요. 그가 또 영화로운 땅에 들어갈 것이요. 많은 나라를 패망하게 할 것이나 오직 에돔과 모압과 암몬 자손의 지도자들은 그의 손에서 벗어나리라. 그가 여러 나라들에 그의 손을 펴리니 애굽 땅도 면하지 못할 것이니, 그가 권세로 애굽의 금 은과 모든 보물을 차지할 것이요 리비아 사람과 구스 사람이 그의 시종이 되리라. 그러나 동북에서부터 소문이 이르러 그를 번민하게 하므로 그가 분노하여 나가서 많은 무리를 다 죽이며 멸망시키고자 할 것이요. 그가 장막 궁전을 바다와 영화롭고 거룩한 산 사이에 세울 것이나 그의 종말이 이르리니 도와 줄 자가 없으리라. (단 11:40-45, 개

역개정).

그 때에 네 민족을 호위하는 큰 군주 미가엘이 일어날 것이요 또
환난이 있으리니, 이는 개국 이래로 그 때까지 없던 환난일 것
이며 그 때에 네 백성 중 책에 기록된 모든 자가 구원을 받을 것
이라. 땅의 티끌 가운데에서 자는 자 중에서 많은 사람이 깨어
나 영생을 받는 자도 있겠고, 수치를 당하여서 영원히 부끄러움
을 당할 자도 있을 것이며, 지혜 있는 자는 궁창의 빛과 같이 빛
날 것이요 많은 사람을 옳은 데로 돌아오게 한 자는 별과 같이
영원토록 빛나리라. (단 11:40-45, 개역개정).

이때 "자기 마음대로 행하는 왕"이 산 위에 세운 궁전에서
그 운명을 맞이할 때까지, "물이 넘침 같이" 지나간다는 북방
연합군의 침략에 대한 묘사는 분명히 앗수르의 침략에 대한
이사야의 묘사(사 8:7-8, 10장, 31:8-9)와 곡의 침략에 대한 에
스겔의 묘사(겔 38장)에서 비롯한 것으로 보인다. 그런데 『전
쟁규율』의 저자와 쿰란 주석가들은 이 이사야와 에스겔 본
문—다니엘서의 마지막 환상에서 인용한 것 같은—을 침략자
깃딤의 멸망에 관한 예언으로 읽었다. 우리는 이것을, 예컨대,
제4쿰란동굴에서 발견된 이사야 10:28-11:4에 대한 단편적인
페쉐르〔『이사야주석A』〕에서 분명하게 확인한 바 있다(본서 제4

장). 『이사야주석A』에서는 매우 분명하게 묘사된 앗수르의 활동이 "깃딤의 전쟁"으로, 승리하게 될 이스라엘의 지도자는 "다윗의 싹"으로 해석되었다. 또한 이 "마곡"은 다윗의 싹에 의하여 패하게 되는 민족 중 하나로 나타난다.[63]

『전쟁규율』에서는 다니엘의 환상에서 예언된 고난의 기간을 헤쳐 갈 방법들에 대해 이야기하고 있다. 『전쟁규율』에 따르면 빛의 자녀들은 어둠의 자녀들, 곧 벨리알의 군대와 맞서 싸우게 될 것이다. 이 대적들은 주로 "앗수르의 깃딤의 군대" (필자의 견해에 따르면 수리아 지방에 있는 로마의 군대로 보인다)로 구성되어 있으며, 또 다른 민족들로는 "언약을 배반한 자들"(하나님의 율법을 저버린 유대인들)과 블레셋, 다니엘 11:41에서 언급된 민족들(에돔, 모압, 암몬)이 있다. "애굽의 깃딤 왕" 역시 빛의 아들들에게 공격을 받게 될 것인데, "애굽의 깃딤 왕"이란 애굽에 있는 로마의 군사 지도자(율리우스 카이사르나 마르쿠스 안토니우스와 같은)를 가리키는 것일 수 있다. 이와 같이 『전쟁규율』 저자는 다니엘 11:40-45에 나타난 언어를 자신의 목적에 적합하게 적용하고 있다(『전쟁규율』이 다니엘 11장에 관한 미드라쉬라고 불리지는 않는다).[64]

더 나아가, 『전쟁규율』에 따르면, 빛의 자녀들은 벨리알의 군대 및 언약을 배반한 자들과 싸우는 과정에서 "레위의 자손들과 유다의 자손들과 벤야민의 자손들"의 도움을 받아 "백성들의 광야", 곧 포로에서 돌아오게 될 것이다. 악한 시대의 종언이 가까워옴에 따라 신실한 공동체는 마침내 "유다의 집" 안에서 형제들—배교한 지도자들과 그들을 포용한 사람들을 제외한 유대인들—과 다시 연합하게 된다.『전쟁규율』은 깃딤이 궁극적으로 멸망하는 데에 6년이 필요하다고 말하고 있다. 빛의 자녀들은 그들을 세 차례 패배시킬 것이며, 벨리알의 군대는 세 차례 소집될 것이지만, 일곱 번째에는 하나님께서 천사 미가엘을 통하여 개입하셔서 결국 깃딤을 멸망시키실 것이다 (본서 제2장).

이 6년의 전투 후에는 전쟁이 없는 안식년을 가지게 된다. 이 기간에는 악한 시대에 배도한 제사장들이 아닌 참 제사장이 예루살렘에 확실하게 세워져 참된 제사가 다시 드려지게 될 것이다.

깃딤과 6년간 싸우고 7년째에 안식년을 가지게 되는 것은 다니엘의 칠십 이레를 재해석한 것으로 보이지만, 이때의 7년은 40년이라는 전체적인 도식 안에 부분적으로 존재하는 기간이다〔그렇기에 다니엘의 칠십 이레를 완전히 재해석한 것으로는 볼 수 없다-역주〕. 안식년이 끝난 후에 남은 33년(안식년은 제외하고) 동안은 더욱 멀리 떨어져 있는 대적들, 곧 주로 이스라엘의 조상들의 원수였던 자들과 싸우게 된다. 이 전투는 각각의 민족들을 차례대로 격파하며 모든 민족들이 파멸할 때까지 수행될 것이다.

또한 『전쟁규율』에는 고대 이스라엘을 모델 삼아 거룩한 전쟁을 수행하기 위한 상세한 지침이 담겨 있다. 말하자면, 빛의 자녀들은, 이스라엘이 모세의 지도하에 광야에서 방랑할 때와 같이, 제사장들과 레위인들로 하여금 자신들의 적절한 직분을 수행하도록 하면서 각 지파별로 군사를 조직하게 될 것이다. 하지만 이와 더불어 (Y. 야딘[Yadin]이 주장하는 것처럼)[65] 주전 1세기 중반의 로마 군사 체계에 기초한 최신의 전술과 무기도 거룩한 전쟁에 사용된다.

어둠의 자녀들이 모두 멸망하게 되면 비로소 새로운 시대가 시작될 것이다. 다니엘의 언어를 가지고 표현하자면, 범죄와 죄과는 끝나게 되고 악은 소멸하여 의가 들어오게 되며, 환상과 예언이 성취되고, 지극히 거룩한 곳이 기름 부음을 받게 될 것이다. 새 날에 대한 이러한 다니엘서의 언어는 『비밀의 책』 [Book of Mysteries; DJD I, 103]이라는 표제가 붙은 제1쿰란동굴의 단편적인 문헌에서 또 한 번 반향된다.

그들은 다가올 신비와 옛 일들을 이해하지 못하며, 자신들에게 닥칠 일들을 알지도 못한다. 또한 그들은 일어날 일들에서 자신을 구원할 수도 없다. 이것은 너희에게 일어날 일들의 표징이 될 것이다. 사악한 자녀들이 갇히게 되면, 어둠이 빛 앞에서 사라지듯이 악은 의 앞에서 사라지게 될 것이다. 연기가 사라져 더 이상 존재하지 않듯이 악은 영원히 사라지고, 의가 세계를 지배하는 태양과 같이 드러날 것이며, 놀라운 신비를[66] 막는 모든 자들이 더 이상 없을 것이다. 지식이 세상을 가득 채울 것이며[67] 어리석음이 결코 그곳에 있지 않을 것이다. 이 말씀은 반드시 이루어질 것이다. 그 예언이 참이기 때문이다. (1Q27 I 3-8).

제7장
사해사본과 신약의 구약 사용

I. 신약의 구약 사용

예수께서는, 요한이 헤롯에게 사로잡힌 후에, 갈릴리에서 복음을 선포하셨다. "정한 때가 이르렀고, 하나님나라가 가까워 왔으니, 회개하고 복음을 믿으라"(막 1:15).

여기에서 선포된 임박한 하나님 나라는 다니엘서에 예언된 것과 같이(단 2:44) 결코 멸망하지 않고 영원히 서게 될 나라인데, C.H. 다드〔Dodd〕는 이 갈릴리 선포와 관련한 "가장 인상적인" 구약의 언어로서 다니엘 7:22("성도들이 그 나라를 받을 때가 다가왔다")을 언급한 적이 있다.[68]

정한 때가 가까워 왔다는 예수의 언급은 신약성경 전반에 걸쳐 반복적으로 나타난다. 바울은 자신과 그의 동료들을 "다가온 마지막 시대 위에 살고 있는" 사람들로 묘사하였다(고전

10:11). 또한 히브리서 저자는 하나님의 아들이 "죄를 없애시려고 마지막 시대에 단 한 번 나타나 자신을 희생 제물로 드리시고"(히 9:26) 그를 통하여 "이 마지막 날들에"(히 1:2) 결정적인 말씀을 주셨다고 말하였다. 그리고 베드로는 주후 63년에 "마지막 때에 드러나도록 준비된"(벧전 1:5, 9) 구원에 대하여 다음과 같이 말했다.

> 이 구원에 대하여는 너희에게 임할 은혜를 예언하던 선지자들이 연구하고 부지런히 살펴서, 자기 속에 계신 그리스도의 영이 그 받으실 고난과 후에 받으실 영광을 미리 증언하여 누구를 또는 어떠한 때를 지시하시는지 상고하니라. 이 섬긴 바가 자기를 위한 것이 아니요, 너희를 위한 것임이 계시로 알게 되었으니, 이것은 하늘로부터 보내신 성령을 힘입어 복음을 전하는 자들로 이제 너희에게 알린 것이요, 천사들도 살펴보기를 원하는 것이니라. (벧전 1:10-12, 개역개정).

여기에 "신비"나 "해석"이라는 용어가 사용되지는 않았지만, 베드로가 말하고 있는 것은 쿰란 주석들의 구약 해석 방식, 곧 구약의 선지자들이 하나님의 '신비들'(רזים)을 기록하였고 의의 교사와 그의 제자들은 그 신비를 '해석'(פשר)하여 드러냈다는 것과 놀랍도록 닮아있다. '신비'와 '해석' 사이의 관계는 우리가 이미 관찰하였던 하박국 2:1에 잘 드러나 있다.

> 하나님께서는 하박국에게 마지막 세대에 일어날 일들을 기록하
> 라고 명하셨으나, 그 시대가 성취될 것에 대해서는 그에게 아무
> 것도 가르쳐주지 않으셨다. "그것을 읽는 자가 달려가면서 읽을
> 수 있게 하라"(합 2:2). 이 말씀의 해석은 의의 교사와 관련되어
> 있다. 하나님께서는 의의 교사에게 그분의 종인 선지자들의 말
> 에 담긴 모든 신비한 것들의 의미를 알려주셨다. (1QpH VII
> 1-5).

베드로의 주장은 결국, 선지자들로부터 감추인 것들이 사도
들에게 드러나게 되었다는 것이다―이는 구약의 예언을 해석
하는 데에 결정적인 영향을 미친다. 구약의 선지자들이 자신
들이 영감을 받아 예언한 것이 어떤 인물이나 어떤 때를 가리
키는지 발견하기 위하여 "연구하고 부지런히 살피는"(벧전
1:10) 수고를 했는지 모르지만, 베드로와 다른 사도들은 그럴
필요가 없었다. 그들은 이미 알고 있었기 때문이다. 베드로의
확신은 첫 번째 오순절 사건을 경험한 예루살렘의 무리에게
설교하기 시작할 때에 잘 나타난다. "그 선지자를 통하여 말씀
하신 것이 바로 이것이다"(행 2:16). 여기에서 "~은 바로 이것
이다"(this is that: 구약이 예수의 인격 및 사역을 가리키고 있다는 말이다-역

주)는 신약성경의 주요한 주제이다. 새롭게 주어진 상황에서 구약의 예언들을 설명하고 성취할 수 있게 된 것이다.

만일 베드로와 다른 사도들에게 구약의 예언을 해석하는 방법을 어디에서 배웠는지 묻는다면, 그들은 예수께로부터 받았다고 말할 것이다. 이러한 관점에서 볼 때에, 초대교회에게 있어서 예수는 쿰란공동체에게 있어서 의의 교사와 같다고—물론 예수는 의의 교사 그 이상이시다—말할 수 있을 것이다. 사도들은 예수께서 가르치셨던 다음과 같은 말씀을 기억했다. "너희에게는 하나님 나라의 신비〔비밀〕가 주어졌으나 밖에 있는 자들에게는 모든 것이 비유들로 주어진다. 그렇기 때문에 그들은 보아도 이해하지 못하고, 들어도 깨닫지 못하는 것이다. 그렇지 않는다면 그들은 돌아서서 용서받게 될 것이기 때문이다"(막 4:11-12). 사도들은 예수께서 가지고 계셨던 열쇠를 통해 구약을 읽음으로써, "모세의 율법과 선지자들과 시편에서 나에 대해 기록된 모든 것들이 성취되어야 한다"(눅 24:44)라는 말씀과 같이, 구약성경 안에 기록된 모든 것이 어떻게 예수 안에서 성취되었는지 이해하게 되었다. 쿰란 주석가들은 구약에서 의의 교사의 사역에 관한 개괄적인 이야기들을 발견하였지만, 초기 기독교인들은 이 성경에서 예수에 대한 더욱 구체적인 증거들을 발견했다. 사도행전 10:43("모든 선지자들은 그에 대하여 증언하였다. '그를 믿는 모든 자들은

그의 이름을 통해 죄 사함을 받는다'")에서 베드로는 하박국
2:4를 인용한 것으로 보이는데, 이때 그의 하박국 2:4("의인은
그의 믿음으로 살 것이다") 해석은 쿰란 주석보다도 본래 본문
의 의미에서 더욱 멀리 나아간다.

> 그 해석은 유다의 집에서 율법을 지키는 모든 사람들과 관련이
> 있다. 하나님은 그들의 수고와 의의 교사에 대한 그들의 믿음으
> 로 인해 그들을 심판에서 구원하실 것이다. (1QpHab VIII 1-3).

쿰란의 주석가들은 구약의 예언서가 의의 교사를 가리키고
있다고 해석하면서도 모든 선지자들이 그를 가리키고 있었다
고 주장한 것은 아니었다. 이들은 모든 예언서가 종말에 성취
될 하나님의 뜻과 관련된 것이며, 이 뜻을 이해하기 위한 열쇠
가 의의 교사에게 주어졌다고 믿었다. 하지만 초기 기독교인
들은 예수야말로 하나님의 뜻의 체현(embodiment)이자 성취로
서, 하나님의 모든 약속이 예수 안에서 항상 "Yes"(고후 1:20)
가 된다고 믿었다. 따라서 신약성경에 나타난 구약 해석은 종
말론적이면서도 기독론적이라 말할 수 있다.

다드는 자신의 중요한 연구인 『성경에 기록된바』(According
to the Scriptures)(1952)에서 신약의 구약 해석 방식이 잘 알려진
구약 본문들에 기초하고 있으며, 분명한 성취 패턴을 보여주

고, 인용구의 본래 문맥 및 본래 의도에 충실한 "독창적이고도 일관적이며 유연한 주석 방법론의 기초"를 보여준다고 주장하였다. 다드에 따르면, 신약의 구약 해석에는 구약 선지자들에게서 볼 수 있는 역사적 관점이 반영되어 있다. 말하자면, 역사는 하나님의 주권의 속한 것으로서, "인간 세상에 대한 하나님의 간섭은 부정적으로는 인간 행위에 대한 하나님의 심판으로 드러나고, 긍정적으로는 회복과 구원의 능력으로 나타난다"는 것이다. "이러한 심판과 구원이라는 구약 역사의 두 가지 패턴이 〔예수의〕 죽음과 부활의 관점으로 표현되었다." 이와 같은 해석 방식은, "전적으로 창조적인 발상의 조각"으로서, 바울이나 요한, 히브리서 저자와 같은 위대한 신약 저자들이 주께 "받은 것"일 뿐이기에 이들의 작품이라 말할 수 없다. 성경 해석 과정에서 창조적인 해석이 발생한다면 그것은 오로지 예수와 관련하고 있어야만 한다.[69]

　다드가 신약의 구약 사용 방식에 대하여 논하면서 구약 인용구가 가진 역사적인 성격, 곧 심판-구원 개념에 대하여 말한 것은 특히 스데반의 변론(행 7장)이나 바울의 회당 설교(행 13장), 또는 "믿음의 조상들"(히 11장)에 관한 언급에서 잘 드러난다. 우리는 이러한 본문들에서, 사해사본의 관점에서는 발견할 수 없는, 구약 역사 과정 속에 나타난 하나님의 말씀과 인간의 반응 사이의 상호관계를 확인할 수 있다. 신약에서 사용

된 구약 해석 방식과 가장 가까운 방식을 사해사본에서 찾는
다면 「사독훈계」를 생각해 볼 수 있을 것이다. 「사독훈계」에는
"음행한 눈과 죄 된 생각"(CD II 16)으로 인해 하나님의 심판
을 받아 타락하여 지상으로 내려온 "천상의 감시자들"에 관한
이야기가 나타난다. 하지만 여기에서 실제로 사용된 구약 인
용구들을 살펴보면 심판-구원이라는 역사적 관점은 거의 반영
되지 않았다. 신약 저자들이 구약성경을 인용하면서 구약에
자체에 함의된 폭넓은 의미 단위를 가지고 기독교적으로 일관
되게 해석하려는 경향은 쿰란의 주석과 같이 문장을 분절하여
해석하는 것에 대한 안전장치가 된다.

초기 기독교인들은 예수의 성육신과 그분의 사역이라는 새
로운 사건을 통하여 구약성경을 새롭게 이해했다. 예수의 등
장은 구약 시대에 반복적으로 나타나는 신적 행위의 패턴을
완전하게 초월한 것이었다. 이에 초기 기독교에서는 구약에
나타난 하나님의 반복적인 행위 패턴을 예수에 관한 예표로
이해하게 되었다. 예컨대, 그리스도께서 성취하신 구속은 새
로운 출애굽이었고(참조, 눅 4:31), 예수의 죽음은 새로운 유월
절 희생이었으며(고전 5:7), 그로 인해 탄생한 교회는 새로운
이스라엘이자(갈 6:16) (구약의 이스라엘에게 사용되었던 언
어로 표현하자면) "선택된 민족이며, 왕 같은 제사장, 거룩한
나라, 하나님의 소유된 백성"(벧전 2:9)이었다. 이렇게 새 이스

라엘은 옛 이스라엘과 밀접한 관련이 있다. 신약이라는 새로운 상황에서 예수를 믿는 믿음의 공동체는, 주전 8세기에 이사야가 민족의 소망을 보았던 신실한 남은 자들처럼, "은혜로 선택된 남은 자들"(롬 11:5)이었다. 또한 아브라함의 영적 후손인 이 남은 자들이 유대인들뿐 아니라 이방인들까지도 포괄하고 있다면, 이는 구약의 이스라엘 민족사 내에 예시된 원리, 곧 하나님의 백성이 아닌 자들이 그분의 백성이 되고 하나님의 자비를 받지 못한 자들이 결국 하나님의 자비를 경험하게 되는 원리를 확증하는 것이라 볼 수 있다(호 2:23; 참조, 롬 9:25-26; 벧전 2:10). 이는 갈라디아서 4장의 이삭과 이스마엘에 관한 언급에도 잘 나타난다. 여기에서 교회는 자유한 여자의 자손이며, 율법 아래에 있는 유대인들은 종 된 여자의 자손으로 묘사되는데, 이는 예수를 믿는 유대인들과 이방인들로 구성된 새 이스라엘이 모두 아브라함에게 주어진 약속의 상속자가 되었으며, 도리어 아브라함의 육신의 후손들(이삭의 혈통〔백성이었던 자〕)은 이스마엘의 자손〔백성이 아니었던 자〕과 동일한 위치를 갖게 되었다는 것을 의미한다.

하지만 구약을 이처럼 해석하여 이방인들마저도 아브라함의 언약적 특권 안에 있는 것으로 간주하는 것은 쿰란공동체에게는 용납될 수 없는 것이었다. 또한 신약이 교회를 새 예루살렘이라고 부르고 있는 반면(계 21:2, 10; 참조, 갈 4:26, 히

7:22), 쿰란공동체가 말하고 있는 새 예루살렘이란 기존의 예루살렘이 회복되고 정화되는 것을 의미했다. 신약성경은 새 성전, 곧 "영적인 집"으로서 거룩한 제사장들에 의하여 영적인 제사가 드려지는 곳에 대하여 언급하고 있지만(벧전 2:5), 성전과 제사장직은 모두 교회와 동일시되었기에 제물이 물질적인 제단 위에 드려지지는 않았다. 호세아 14:2에 동물의 희생 제사를 대체하는 입술의 찬양에 대하여 말하고 있는데, 이 본문은 신약성경(히 13:15) 및 사해사본(1QS IX 4)에서 모두 나타난다. 기독교인들은 이 구절을 가지고 옛 제사 의식이 영원히 폐하여진 것으로 보는 반면, 쿰란공동체는 제사를 대신하는 입술의 열매를 일시적인 것으로 생각했다. 쿰란공동체 구성원들은 "악한 시대"에 예루살렘의 제사장이 되었던 이들을 배교자로 비판하면서 예루살렘의 달력과는 다른 달력을 사용하였기에 예루살렘의 제사 의식에는 참여하지 않았다. 하지만 그들은, 진정한 이스라엘로서, 예루살렘에 돌아와 개혁된 성전에서 정결한 제사를 드릴 날을 고대하고 있었다(참조, 1QM II 5). 작은 이스라엘과 같았던 쿰란공동체 내에도 레위인들 및 제사장 지도층이 온전히 존재하고 있었기에 다가올 예루살렘의 거룩한 전쟁에서 승리하였을 때에 지체 없이 성전 규례를 재개할 수 있었다.

쿰란주석가들이 때로 자신들의 의도에 가장 적합한 구약 본문들을 가져오는 것과 같이, 우리는 신약 저자들에게서도 이와 유사한 해석 방식을 확인할 수 있다. 예컨대, 히브리서 10:5에서는 시편 40:6을 인용하고 있는데, 히브리서 저자는 "나를 위하여 당신의 귀가 열렸다"라고 읽고 있는 마소라 텍스트 대신에 "나를 위하여 한 몸을 예비하셨도다"라고 읽고 있는 칠십인역 본문을 사용하였다. 이는 칠십인역 본문이 예수의 성육신을 설명하기에 적합했기 때문이다—물론 히브리서 문맥에서 예수의 순종을 강조하기 위해서는 마소라 텍스트 역시 적합할 수 있다(참조, 사 50:4-5에 나타난 야웨의 종에 관한 말씀). 이와 동일하게, 바울 역시 에베소서 4:8에서 시편 68:18을 사용하면서 "당신이 사람들에게 선물을 주신다"는 (타르굼과 페쉬타에서 확인할 수 있는) 표현을 사용하였다. 이는 타르굼과 페쉬타의 독법이 교회에 복을 주시는 승리하신 그리스도를 나타내기에 더욱 적합했기 때문일 것이다. 하지만 바울이 "사람들 중에서 당신이 선물을 받으신다"라고 읽는 마소라 텍스트와 칠십인역만을 알고 있었더라 하더라도, 그리스도께서 다른 사람들에게 나누어 주기 위하여 아버지께로부터 대표로 선물을 받는 이미지로 이 시편을 사용할 수도 있었을 것이다. 또한 여러 구약 본문들에 나타난 의인들의 원수가 쿰란 주석에서 의의 교사를 박해하는 자들과 동일시되는 것처럼, 신약에서는 하나님과 그분의 메시아를 반대하는 자들(시 2:2)은 "이

방인 및 이스라엘 백성과 합세한 헤롯과 본디오 빌라도"(행
4:27)와 동일시되며, 의로운 자를 배신하는 친구 및 식사 교제
를 하는 친구는 가룟 유다와 동일시된다(시 41:9를 인용한 요
13:18; 시 69:25를 인용한 행 1:20a; 시 104:8을 인용한 행
1:20b; 참조, 요 17:12). 더 나아가 우리는 유다와 관련하여서
마태복음 27:9-10에서도 사해사본의 인용 방식을 상기할 수
있다(여기에서는 토기장이가 은 삼십에 밭을 산 것이 예언의
성취로 묘사되고 있는데, 이 예언은 스가랴 11:12-13과 예레미
야의 두 본문(18:2-3, 37:6-15)이 결합된 것으로, 이 전체는 마태
복음에서 "예레미야 선지자가 말한 것"으로 묘사되었다). 우
리는 또한 마태복음 27:6을 통해 마태복음 저자가 스가랴
11:13의 두 가지 사본학적 이문, 곧 יוצר("요쩨르": 토기장이)
와 אוצר("오짜르": 성전 금고) 모두를 알고 있었다는 것을 추
측할 수 있다.[70] 이 통합된 인용구는 복음서 기자에 의하여 초
기에 수집된 기독교의 '증언들'로부터 유래했을 것이다.

II. 기독교의 페쉐르

우리에게 알려진바, 사도시대의 기독교인들은 쿰란의 페샤림과 같은 식의 구약 주석을 쓴 적이 없다. 그렇다 하더라도 우리는 신약에 인용된 구약 인용구들을 통하여 초기 기독교인들이 어떻게 페샤림을 사용하였고 어떻게 이 흥미로운 해석 방식을 일관되게 전개하고 있는지 관찰할 수 있다.

초기 기독교인들은 종종 구약 본문들을 연속적으로 해석하였다. 그 중에서 C.H. 다드는 대표적인 "증언들"에 관한 원천으로 하박국 1-2장을 꼽았다.[71] 우리는 앞서 쿰란동굴의 『하박국주석』을 다루면서 예언서의 메시지들이 후대의 역사적 상황에 비추어 어떻게 해석되고 있는지 살펴보았다. 바로 그 페쉐르가 초기 기독교로부터 우리에게까지 전해졌다면, 우리는 사도행전 13:41에서 사용된 하박국 1:5을 다음과 같이 이해할 수도 있을 것이다.

> "일렀으되, '보라, 멸시하는 사람들아, 너희는 놀라고 멸망하라. 내가 너희 때를 당하여 한 일을 행할 것이니 사람이 너희에게 일러줄지라도 도무지 믿지 못할 일이라 하였느니라' 하시니라" (행 13:41, 개역개정; 합 1:5을 인용). 이 말씀의 해석은 메시아와

그가 가져온 구원의 메시지를 거부한 자들과 관련이 있다. 그들은 메시아가 보낸 자에 의하여 분명하게 나타난 하나님의 일을 믿지 않았다. 그들은 하나님의 심판이 그들을 덮칠 때에 놀라게 될 것이고, 그분의 말씀을 받아들이지 않은 것으로 인하여 완전히 패망하게 될 것이다.

쿰란주석가들은 하박국 예언에 담긴 세세한 내용들을 당대의 상황에 직접 적용하여 해석하려고 했지만, 기독교의 성경 해설자들은 이 본문을 항구적인 원리〔permanent principle〕와 관련짓고 예수를 메시아로 인정하지 않는 유대인들에게 적용시켰다.

여기에서 하박국 1:5에 대한 기독교의 페쉐르는 사도행전 13:41에 명시되기 보다는 함축되어 있다. 하박국서의 또 다른 구절(합 2:3-4)은 바울서신과 히브리서에 나타난다. 본래의 하박국서 맥락에서 하박국은 환상을 통하여 아직은 하나님의 의가 나타날 때가 아니라는 답을 받았다. 하박국이 보았던 환상이 성취되는 것은 오랫동안 연기될 수도 있겠지만, 언젠가는 반드시 도래하게 될 것이었다. 이방 압제자들—이들의 끝없는 포악함이 하나님의 의를 무시하고 있는 것처럼 보이더라도—은 멸망할 때까지 불경한 일들을 하겠지만, 의인들은 하나님에 대한 끊임없는 신뢰를 통하여 구원을 받게 될 것이다.

여기에서 쿰란주석가는 항구적인 원리에 대하여 잘 이해하고서 다음과 같이 주석하였다. "하나님의 신비는 놀라운 것이기에 마지막 때는 다른 선지자들이 말했던 것보다도 오랜 시간이 걸릴 것이다." 하지만 진리의 사람들〔쿰란공동체〕은 하나님의 뜻이 지혜로운 신비로 드러날 때까지 계속 율법을 지키면서 의를 좇을 것이며, 이때 "하나님께서는 의의 교사에 대한 믿음과 수고로 인하여 그들을 심판에서 구원하실 것이다."

이와 같이 『하박국주석』이 의의 교사에 대한 믿음을 강조하고 있는 것은 놀랍게도 바울이 동일한 하박국 본문(합 2:4)을 가지고 예수에 대한 믿음을 강조하고 있는 것과 병행을 이룬다(롬 1:17, 갈 3:11). 바울의 하박국 해석을 쿰란의 페쉐르에서 사용하고 있는 관용적인 표현으로 재구성한다면 다음과 같을 것이다.

> "의인은 그의 믿음으로 살게 될 것이다"〔합 2:4〕 이에 관한 해석은 예수를 믿는 사람과 관련한 것으로서, 그의 믿음은 예수에게 있어서 의로움으로 간주될 것이며, 그는 올 세대에 생명을 얻게 될 것이다.

쿰란주석가가 말하고 있는 의의 교사에 대한 믿음이란 의의 교사의 가르침을 수용하느냐와 관련이 있지만, 바울이 의미하고 있는 믿음은 그러한 믿음 이상이다. 더 나아가 유다의 집에서 율법 지킴의 "수고"(עמל)를 하는 것이 구원의 효능이 있다고 말하는 쿰란주석가는 "일을 아니할지라도 경건하지 않은 자를 의롭다 하시는 이를 믿는 자에게 그 믿음을 의로 여기신다"(롬 4:5)라는 바울의 진술을 이해할 수 없을 것이다. 사해사본에도 믿음으로 의롭게 된다는 사상이 엿보이긴 하지만, 경건하지 않은 자를 의롭다 한다는 것은 상상조차 할 수 없는 일이었다.

히브리서 10:37-38에서는 하박국 2:3-4 전체 본문을 인용하고 있다(다만 4절 상반절과 하반절의 순서가 바뀌어 있다). 이 히브리서 본문을 다음과 같은 페쉐르 형식으로 재구성할 수 있을 것 같다.

"예언은 때가 있는데, 그 때는 서둘러 올 것이다. 이는 거짓이 아니다. 그것이 더딘 것처럼 보일지라도, 기다려라. 반드시 올 것이다. 지체되지 않을 것이다"(합 2:3). 그것의 해석은 메시아의 재림을 기다리는 자들에 관한 것이니, 약정된 때가 매우 가까이 이르렀기에, 신실한 자들은 다가올 이를 소망하며 기다린다.

"보라, 영혼이 그분 안에서 바로서지 않은 자들은 실패하게 될 것이다"(합 2:4a). 이 말씀에 대한 해석은 변절자들에 관한 것으로, 그들은 메시아를 더 이상 기다리지 않는 자들이다. 그들이 돌아섰기에 하나님이 그들을 기뻐하지 않으시며 그들은 파멸로 가는 길 위에 있다.

"그러나 의인은 믿음으로 말미암아 살 것이다"(합 2:4b). 이 말씀에 대한 해석은 변절자들과 같이 돌아서지 않고 소망을 가지고 메시아를 기다리는 자들에 관한 것이다. 그들은 의로운 자들이며 믿음 안에 굳게 서있는 자들이기에 그들의 영혼은 구원을 받게 될 것이다.

이 하박국 페쉐르를 제시하면서 칠십인역 본문을 약간 수정하여 사용하였는데, 이는 히브리서 저자의 주장에 매우 적절하게 들어맞는다.

때로 우리는 구약 사용 방식에 있어서 사해사본과 초기 기독교 사이의 유사점보다도 대조점에 더욱 큰 인상을 받곤 한다. 이러한 대조의 실례는 「사독훈계」(본서 제3장)와 아모스 5:25-26를 인용하고 있는 사도행전 7:42-43에 잘 나타난다. 『사독문헌』 저자는 자신이 선택한 구약 본문을 임의로 해석하고 있지만(「사독훈계」는 『사독문헌』에 포함되어 있다-역주), 스데반은 구약 본문(마소라 텍스트와 상치되는 칠십인역 본문을 사용하긴 했지만)을 바르게 이해한 후 유대인들에게 대하여 자신을 변호하기 위하여 적절히 사용하였다. 스데반이 아모스 구절을 인용한 이유는 이스라엘 민족의 우상숭배—광야의 황금송아지 사건에서 시작된—가 세상 권세를 추구하는 왕들에 의하여 절정에 이르렀기에 민족은 자유를 잃고 추방을 당하게 되었다는 것을 설명하기 위함이다. 더불어 스데반은 이러한 해석을 통하여 자신이 아모스 편에 서있는 자들을 영적으로 계승한 것으로 보고 있다.[72] 여기에서 『사독문헌』 저자가 아모스 5:25의 "사십 년"을 언급하고 있지는 않지만, 『사독문헌』 다른 곳에서는 사십 년이라는 기간을 종말의 기간—이스라엘의 역사 시작에 있었던 사십 년의 방랑 세월과 균형을 이루고 있는—으로 묘사하고 있다(본서 제2장). 우리는 이러한 묘사를 시편 95:10("내가 사십 년 동안 이 세대로 인하여 슬퍼하였다")을 인용하고 있는 히브리서 3:9-10와 비교해 볼 수도 있다. 이때 히브리서 저자는 이스라엘의 역사가 시작하는 40년의 기간 묘사를 통해 "유일한 교사"가 "거두어졌을 때"(CD XX 14)로부터 시작하는 40년, 곧 종말의 때를 표하고 있는 것으로 보인다.

『사독문헌』에서는 이 아모스 5:25-26 본문을 아모스 끝에 등장하는 다윗의 무너진 장막에 대한 언급(암 9:11)과 결합시켰다. 『사독문헌』 기자는 이 장막을 아모스 5:26에 나타나는 "왕의 장막"과 동일시하면서, 이 두 장막을 모두 "율법 책"(본서 제3장)으로 해석했다. 이보다 자연스러운 해석은 『성구해설집』〔4QFlorilegium〕(본서 제4장)에서 확인할 수 있는데, 여기에는 다윗의 싹이 장막을 회복시킬 것에 대한 기대가 나타난다. 이러한 다윗 후손의 메시아에 대한 해석은 예수의 형제 야고보가 사도행전 15:15-18에서 아모스 말씀을 예수께 적용하고 있는 것의 기초가 된다.

물론 아모스 9:11-12는 몰락한 다윗 왕조가 회복되어서 다윗 왕국이 통치했던 모든 영역을 다스리게 될 것을 의미한다. 하지만 야고보는 다윗의 집의 회복에 관한 예언을 군사적인 정복 차원으로 해석하는 대신 다윗의 자손인 예수의 부활과 승천 및 새로운 이스라엘로서 예수의 제자들을 구성하는 것으로 이해하고, 회복된 나라의 통치 영역이 확장되는 것은 유대인뿐 아니라 이방인까지도 포함하는 교회의 확장으로 해석하였다. 이때 분명한 것은 야고보가 인용한 칠십인역 본문이 마소라 텍스트보다도 적용하기에 용이했다는 것이다(하지만 마소라 텍스트도 다윗의 집이 이스라엘의 하나님의 이름으로 불리는 모든 민족들을 포괄하게 될 것을 예언하고 있다).[73)]

III. 메시아에 관한 증거본문

사실, 다윗 후손의 메시아—우리가 본서 제4장에서 다루었다—와 관련한 대부분의 쿰란의 "증언들"은 신약성경이나 초기 기독교 문헌에 나타난 예수께 적용된다. 바울은 로마서 15:12에서 이사야 11:1을 예수께 적용하고 있으며, 히브리서 저자도 히브리서 1:5b에서 사무엘하 7:14을, 순교자 저스틴(Justin Matyr)도 『제1변증』(52, 54장)과 『트뤼포와의 대화』(120장)에서 창세기 44:10을, 『트뤼포와의 대화』106장에서 민수기 24:17을 예수께 적용한다(본서 제3장과 제4장).

그런데 구약의 성취를 예수 안에서 찾으려 할 때에, 몇몇 군사적인 표현의 의미는 다윗 후손 메시아와 관련한 '증언들'로 사용되면서 놀랍게 변화하였다! 거룩한 전쟁은 영적인 영역에서 일어난 전투로 해석되었으며, "소동을 일으키는 자녀들"을 정복하는 것은 하나님의 사랑의 능력으로 가능한 것으로 이해되었다. 이스라엘 백성들의 소망을 성취하시는 이 역시 예수이시다.

하지만 초기 기독교인들이 확인했던 구약 약속의 성취는 비단 다윗 후손의 메시아에 관한 것만이 아니었다. 예수께서는 모세와 같은 선지자에 관한 약속 역시 성취하셨다(신 18:15).

사람들은 예수를 또 다른 종말론적인 선지자—말라기 4:5-6에 나타난 돌아올 엘리야—로 생각하기도 했지만(참조, 막 8:28), 초기 기독교인들은 세례 요한을 돌아올 엘리야로 간주했다(참조, 눅 1:17). 이는 예수께서 직접 말라기에 언급된 엘리야가 세례 요한이라고 말씀하셨기 때문일 것이다(마 11:14; 막 9:13). 세 제자가 변화산에서 들었던 하늘의 음성에 따르면(막 9:7) 예수께서는 메시아("이는 내 아들이라")나 야웨의 종("사랑 받는 자")일 뿐 아니라 모세에 의하여 예언된 선지자("그의 말을 들으라"; 참조, 신 18:15)이기도 했다. 그뿐 아니라 베드로(행 3:22-23)와 스데반(행 7:3)은 사도행전에서 모세의 말을 인용하여 예수를 가리키는 데에 사용기도 했다. 이때 베드로는 모세의 언급 외에도 "사무엘과 그 뒤를 이은 모든 선지자들도 역시 그들이 말할 때마다 이 날들에 대하여 선포하였다"(행 3:24)는 말—쿰란의 해석가들도 이와 동일한 말을 함으로써 성경 해석에 관한 자신들의 이해를 표현할 수 있었을 것이다—을 덧붙였다. 이후에, 어떠한 기독교 전통의 흐름—에비온파로 대표되는—에서는 예수의 사역과 더불어 예수의 인격이 두드러지게 새 선지자, 곧 둘째 모세로 평가되기도 하였다.[74)]

종말에 있을 위대한 레위 제사장의 발흥에 관한 "증언들"은 신약에서 예수를 가리키는 데에 사용되지 않았다. 다윗 가문의 통치자, 유다 지파에서 나올 승리의 사자(Lion)는 "아론의 메시아"와 동일시 될 수 없었던 것이다. 신약성경은, 후대에 그러한 시도가 없지는 않았지만, 예수를 레위의 후손으로 소개하지 않는다.[75] 구약 본문에 근거해 예수의 대제사장 되심에 관한 교리를 세운 히브리서 저자는 레위와 관련한 저작들이 아닌 시편 110:4을 그 증거본문으로 사용하였다. 거기에서 하나님께서는 다윗을 "멜기세덱의 계열을 따르는 제사장"으로 높이신다. 멜기세덱은 고대에 예루살렘을 통치하였던 אל עליון(창 14:19, "지극히 높으신 하나님")의 제사장이었다. 주전 1000년경, 다윗이 예루살렘을 정복했을 때, 그는 제사장면서 왕이 통치하는 왕조—멜기세덱은 여기에서 가장 걸출한 인물이었다—의 계승자가 되었다. 다윗 왕위의 제사장적인 요소는 구약에서 강조되지는 않았지만—하지만 우리는 다윗이 레위계 제사장과는 달리 "하나님 앞에 앉았다"(삼하 7:18)는 것을 상기해 볼 수 있다—예수의 제사장 되심은 "죄를 위하여 단 한 번의 영원한 제사를 드리시고, 하나님의 우편에 앉으신 후, 자신의 원수들이 자신의 발 받침대가 될 때까지 기다리시는"(시 110:1을 반향하는 히 10:12-13) "위대한 다윗보다 더욱 위대한 자손"의 사역을 생각할 때에 충분히 설명 가능하다.[76]

　이때 초기 기독교인들은, 쿰란공동체와 마찬가지로, 구약의 저작들이 종말에 위대한 선지자와 위대한 제사장, 위대한 왕의 도래에 관하여 가리키고 있다고 생각했는데, 쿰란공동체가 세 명의 각기 다른 구별된 사람을 기대했던 반면, 초기 기독교인들은 예수라는 한 인격 안에 세 직분이 담겨있는 것으로 보았다.

더 나아가 기독교인들은 예수께서 이사야 42-43장—여기에서 우리는 야웨의 종이 선지자와 왕과 제사장의 특징을 혼합한 인물이라는 것을 알 수 있다—에 나타난 야웨의 종의 관점에서 이 삼중직을 성취했다고 생각했다. 예수께서도 야웨의 종의 성품과 사역을 자신의 메시아 사역의 모델로 수용하셨다. 예수께서 세례를 받으실 때에 하늘에서 들렸던 음성(막 1:41)은 그분을 다윗의 후손으로 오시는 메시아로 인정하는 것이기도 하지만(참조, 시 2:7, "너는 나의 아들이라"), 동시에 예수께서 종의 사역을 수용하고 성취하심으로써(참조, 사 42:1, "나의 사랑하는 자여, 내가 너를 기뻐한다") 그분의 메시아 되심이 증명된다는 것을 의미한다. 더욱이 예수께서는 이해할 수 없는 수단—사람의 아들은 많은 고통을 받고 버려져야만 하며, 섬김을 받기 보다는 섬겨야 하며, 많은 이들을 위하여 그분의 목숨을 대속물로 주어야 하며, 그럼으로써 승리와 영광을 얻으셔야 한다(막 9:12, 10:45; 눅 24:26)—을 통하여 메시아의 운명을 성취해야 한다 하더라도 이 길을 버리지 않으실 것이다. 이뿐 아니라 우리는 예수께서 자신을 야웨의 종의 역할을 성취하는 자로 묘사하시면서 종종 다니엘서 7:13에 나타난 사람의 아들로 지칭하시는 것을 확인할 수 있다. 사람의 아들은 심판을 비롯하여 속죄까지도 행하신다. 우리가 이미 살펴본 바와 같이, 사람의 아들과 야웨의 종과의 동일시는 이 인물들이 제시된 구약 본문의 본래 의도에 의존하고 있는 것이 분명하다(본서 제5장).

쿰란공동체는 야웨의 종이나 사람의 아들을, 특정한 인물을 가리키는 것으로 이해할 수도 있었겠지만, 주로 집단에 적용하여 해석했다. 반면 신약성경은 야웨의 종과 사람의 아들을 주로 특정한 인물인 예수에게 대입하였다. 더 나아가 신약은 두 인물의 역할로 기능하고 있는 예수께서 그분의 제자들과 밀접한 관련이 있다는 것을 토대로 야웨의 종과 사람의 아들을 제자들에게 이차적으로 적용하고 있다. 그렇기에 바울은 비시디아 안디옥에서 바울 자신과 그의 동료들이 복음을 전할 때에 주께서 주신 명령을 성취하고 있다고 말할 수 있었던 것이다(행 13:47).

내가 너를 이방인들의 빛으로 세워
나의 구원을 땅 끝까지 전하게 하였다.

즉, 이 본문은 바울이 두 번째 종의 노래, 곧 하나님께서 순종하는 종에게 주신 말씀을 인용한 것이다. 또 한편으로 바울이 고린도교회 성도들에게 "성도가 세상을 심판할 것이다"(고전 6:2)라고 말한 것은 "지극히 높으신 분의 성도들"이 심판의 권세를 받게 된다는 다니엘 7:22를 반향한 것이다. 하지만 예수의 제자들은, 축복이든 심판이든 간에(고후 2:16, "어떤 이에게는 사망에서 사망에 이르게 하는 향기이고, 어떤 이에게는 생명에서 생명에 이르게 하는 향기이다"), 예수와 밀접한 관련이 있을 때에만 축복과 심판을 선언할 수 있었다.

우리는 앞서 사해사본의 구약 사용 방식에 대하여 고찰하면서, 신약에서 다니엘서를 어떻게 다루고 있는 지에 대하여 많은 예들을 가지고 살펴보았다. 사해사본의 구약 사용 방식의 영향은 신약성경 안에, 적어도 예수의 가르침 안에, 만연하게 드러난다. 요한계시록 11:2-3, 12:6, 13:5에서 다양하게 언급 되고 있는 삼 년 반의 기간은 다니엘 9:27의 "이레의 반"을 새롭게 해석하고 있는 것처럼 보이기는 하지만, 신약성경에는 다니엘서 9장에 나타난 칠십 이레에 관한 분명한 언급은 없다. 물론 요한계시록이 다니엘서와 문학적 장르가 같기에, 요한계시록이 다니엘의 내용을 특별히 반영하고 있을 것이라고 기대할 수도 있을 것이다. 그러나 우리는 마가복음 13장에 나타난 예수의 종말론적인 가르침에서 다니엘의 환상을 주도하는 몇몇 모티프를 확인할 수 있다(즉, 멸망의 가증한 것[14절], 큰 환난[19절], 선택 받은 자들의 구원[20, 27절], 사람의 아들의 돌

아옴[26절]). 그리고 누가복음의 포도원의 비유(눅 20:17-18)
에서 큰 신상을 부수는 돌(단 2:34-35)은 건축자들이 버린 돌
(시 118:22) 및 많은 사람들을 걸려 넘어뜨리는 돌(사 8:14-15)
과 동일시된다. 그리고 이 모든 것은 하나님나라에 관한 것(단
2:44-45에 나타난 돌에 대한 설명)으로 해석되는 것이 아니라
메시아에 관한 것으로 해석된다. 이는 예수께서 하나님나라의
체현—오리겐(Origen)이 "아우토바실레이아"(*autobasileia*: 그 자신
이 하나님나라)라고 이야기했던 것—이기 때문이다.

여기에 우리가 신약에서 발견할 수 있는 구약에 대한 독특
한 해석의 열쇠가 있다. 예수께서 구약의 약속들을 성취하시
면서 구약에 새로운 의미를 부여하셨다는 것이다. 이때 구약
의 약속의 본래 의미는 버려지는 것이 아니라 예수께서 오시
기 전에 간주되었던 것보다도 더욱 구체적이고 지대한 영향을
미치는 것으로 밝혀졌다. 예수께서는 완벽한 방식으로 죄악을
도말하시고, 죄를 끝내시며, 악을 속하시어, 영원한 의를 가져
오시고 예언과 환상들을 성취하셨다. 그리하여 하나님의 거룩
하신 분이자 주께 기름 부음을 받은 자로 인정되셨다. 우리가
[사해사본의 구약 사용 방식을 통해] "모든 성경에서 예수에 관한 것
들"(눅 24:27)을 해석하는 방식을 배우게 될 때에, "성경은 내
게 대하여 증거 하는 것이다"(요 5:39)라는 예수의 말씀을 가
장 잘 이해할 수 있게 될 것이다.

제1장 쿰란의 성경 주석

1. Cf. K. Elliger, *Studien zum Habakuk-Kommentar vom Toten Meer* (1953); Osswald, "Zur Hermeneutik des Habakuk-Kommentars," *ZAW* 68 (1956), pp. 243-56.

2. Cf. A. M. Habermann, 'Edah we-'Eduth (1952), p. 27.

3. Cf. A. Dupont-Sommer, *The Dead Sea Scrolls* (1952), p. 27.

4. T. H. Gaster, *The Scriptures of the Dead Sea Sect* (1957), 252, n. 42.

5. T. H. Gaster, *op. cit.*, p. 253, n. 45.

제2장 새로운 상황

6. Cf. H. H. Rowley, *The Zadokite Fragments and the Dead Sea Scrolls* (1952), pp. 62ff.

7. Cf. C. Roth "The Teacher of Righteousness: The New Light on the Dead Sea Scrolls", *The Listener*, June 27, 1957, pp. 1037ff. G. R. Driver가 이와 비슷한 관섬을 표출한 바 있다.

8. 이 『나훔주석』(4QpNahum)의 일부 본문은 J. M. Allegro, "Further Light on the History of the Qumran Sect", *JBL* 75 (1956). pp. 89ff.에서 출판되었다.

9. Cf. H. H. Rowley, "4QpNahum and the Teacher of Righteousness",

JBL 75 (1956), pp. 188ff.; 'The Kittim and the Dead Sea Scrolls', *PEQ* 88 (1956), pp. 92ff.

10. 빠진 단어를 보충한 것은 매우 의심스럽다. 따라서 필자는 여기에 서 T. H. Gaster의 것을 재사용하였다.

11. Cf. Y. Yadin, *The Scroll of the of the Sons of Light against the Sons of Darkness* (1955), pp. 103-180.

12. Josephus, *Jewish War* ii. 577ff.

13. F. F. Bruce, *Second Thoughts on the Dead Sea Scrolls* (1956), pp. 89ff.; *The Teacher of Righteousness in the Qumran Texts* (1957), pp. 18ff.

14. Josephus, *Antiquities* xiii. 398; cf. 원서 14쪽에서 인용한 1QpHab XI 13f.

15. *JBL* 75 (1956). p. 91.

16. *Antiquities* xiii. 376ff.; *Jewish War* i. 93ff.

17. Cf. e.g., TB Soṭah 47a.

18. Cf. J. T. Milik, Dix Ans de Découvertes dans le Désert de Juda (1957), p. 102. Milik는 연대기 도표에서 ציון שלום(즉, "시온의 평 화", 살로메 알렉산드라의 히브리식 이름)에 의한 대량 학살에 관 하여 언급하고 있다. 우리는 이 쿰란문헌들(주 18의 본문 문장에서 언급 하고 있는 쿰란문헌)이 출판되기를 기다려야 한다.

19. Cf. E. M. Laperrousaz, "Remarques sur les circonstances qui ont entouré la destruction des bâtiments de Qumran", *VT* 7 (1957). pp. 337ff.

20. Cf. O. Cullmann, "Die neuentdeckten Qumran-Texte und das Judenchristentum der Pseudoklementinen", *Neutestamentliche Studien* für R. Bultmann (1954), pp. 35ff.; "The Significance of the

Qumran Texts for Research into the Beginnings of Christianity", *JBL* 74 (1955). pp. 213ff.; H. J. Schoeps, *Urgemeinde, Judenchristentum, Gnosis* (1956), pp. 69ff.

21. 마카비1서 2:42, 7:13; 마카비2서 14:6에서 "하시딤 사람들" (Hasidaeans)이라고 불렸다.

22. Cf. A. Jaubert, "Le calendrier de Jubilés et les jours liturgiques", *VT* 7 (1957), pp. 35ff.

23. *The Teacher of Righteousness in the Qumran Texts* (1957). pp. 25f. 여기에서 (가능성은 희박하지만) 거짓의 사람(Man of Falsehood)을 거짓 설교자(Preacher of Falsehood)와 구분하려는 시도도 있다. 이에 따르면 거짓 설교자는 경쟁적인 종교 공동체의 지도자이며, 거짓 의 사람은 헤롯 대왕—문자적인 의미 그대로 주전 40년에 자신을 따르는 "전쟁의 모든 사람들"과 함께 유대 지역으로 돌아왔다—이 된다.

24. 40년의 전쟁은 1QM에, 40년 이후에 악한 자들이 더 이상 존재 하지 않게 될 것은 4QpPs 37의 A 파편에 나타난다(PEQ 86 [1954], pp. 71f.). 하지만 종말론적인 40년의 기간은 아마도 공동체의 소망 이 유예된 것으로 인한 재해석으로 비롯했을 것이다.

제3장 『사독문헌』의 구약 사용

25. 신명기 17:17과 관련하여 『사독문헌』 저자는 다윗 왕이 이 금기를 알지 못했다는 것을 지적함으로써 다윗에 대한 비판을 미연에 방 지하였다(CD V 2). 왜냐하면 율법책이 율법궤 안에 봉인되어 보관 되었고, 여호수아의 때부터 사독계 제사장이 세워질 때까지 공개

되지 않았기 때문이다(참조, 신 31:24-26).

26. Cf. R. North, "The Damascus of Qumran Geography", *PEQ* 87 (1955), pp. 34ff.

27. 예수께서 제자들을 "적은 무리"로 지칭하신 것은 "가련한 무리"라는 표현에서 온 것일 수 있다(눅 12:32).

제4장 메시아사상

28. Cf. G. R. Beasley-Murray, "The Two Messias in the Testaments of the Twelve Partriarchs", *JTS* 48 (1947), pp. 1ff.

29. Cf. 『시므온의 유훈』 7:2.

30. "주신다"고 번역된 단어는 הלד이다. 어떤 이들은 이 단어를 הוליד(낳다)로 읽는다(참조, 시 2:7).

31. 스룹바벨이 예레미야의 예언을 성취한 것이 아니라, 포로기 이후에 다윗의 집에서 유다의 지도자가 나왔다는 사실은 적어도 다윗의 혈통에서 일어나게 될 "의로운 가지"에 관한 약속이 폐기된 것이 아니라는 것을 보여준다. 스룹바벨이 일시적이나마 세워진 것은 메시아가 다윗 후손에서 진정으로 오게 될 것에 대한 징표였다. 흥미로운 것은 신약성경에 나타난 예수의 두 계보에 스룹바벨이 포함되어 있다는 것이다.

32. Cf. L. E. Toombs, "Barcosiba and Qumran", *NTS* 4 (1957-8), pp. 65ff.

33. J. M. Allegro에 의하여 *JBL* 75 (1956), pp. 182ff.에서 출판되었다 ("Futher Messianic References in Qumran Literature", pp. 174ff.); cf. translation by T. H. Gaster, op. cit., pp. 353ff.

34. 『레위의 유훈』 18:2-3에서는 "별"이 주께서 높이실 새 제사장으로 간주된다. "그의 별은 왕과 같이 하늘에 오를 것이며, 태양이 낮을 비추듯이 지식의 빛을 비추고, 이 세상에서 위대하게 될 것이다"(『레위의 유훈』 18:3).

35. *JBL* 75, pp. 174-6.

36. 이 호칭에 대한 타르굼의 용례는 G. Dalman, *The Words of Jesus* (1902), pp. 293f.; S. Mowinckel, *He That Cometh* (1956), p. 292를 참조하라.

37. *JBL* 75, pp. 176f. 삼하 7:14(랍비문헌에서 메시아에게 적용되고 있는 것 같지는 않다)에 대해서는 히 1:5b를 참조하고, 암 9:11에 대해서는 행 15:15ff.를 참조하라. 본서 제6장을 보라.

38. 『성구해설집』과 『사독문헌』의 저작 연대를 안다면, 소망의 유예로 인하여 해석이 변화하게 된 것을 설명할 수 있을지도 모른다. 예컨대, 여기에서 『사독문헌』은 『성구해설집』보다 후대의 작품이다.

39. *JBL* 75, pp. 180-2.

40. 1QH III 10에는 다윗 후손의 메시아에 대한 언급이 나타나는데, 여기에는 פלא יועץ(개역성경에서는 "전능자라 모사라"라고 번역되었다-역주)로 묘사되는 한 아이 및 해산의 수고를 하는 여인에 관한 언급이 나타난다(참조, 계 12:1). 사 9:6(히브리성경은 9:5)에는 פלא יועץ가 다윗 후손의 왕을 가리킨다.

제5장 야웨의 종과 사람의 아들

41. 그보다도 이 단어는, 명사의 연계형보다도, שחת('손상시키다', '파괴하다')의 호팔분사형으로서 "모슈하트"(משחת)로 발음되어

야 한다.

42. 하지만 이 독특한 독법을 처음으로 공론화한 학자들 중 하나인 Barthélemy는 그것이 본래의 독법으로 간주되어야 한다고 생각했다. 그의 논문 "Le grand rouleau d'Isaie trouvé près de la Mer Morte", *RB* 57 (1950), pp. 530ff.를 보라.

43. Cf. 1QS IV 20(본서 제4장에서 인용함): "그때 하나님께서 그의 진리로 사람의 모든 행위들을 정결하게 하고, 그분 자신을 위하여 사람의 아들들보다도 (사람을) 씻으실 것이다(ויזקק לו מבני איש). 하지만 주 44도 보라.

44. מבני איש에서 전치사 מ은 '비교급'이 아닌 '부분'을 가리키는 것으로 해석될 수 있다. 그러면 "그때 하나님께서 그의 진리로 사람의 모든 행위들을 정결하게 하고, 사람들 중에서 그분 자신을 씻으실 것이다."

45. Cf. 호 14:2; 히 13:15

46. Josephus, *Antiquities* 18:19.

47. *DJD* I, pp. 109, 111.

48. 타르굼에서는 사 53:12에서만 야웨의 종의 어떤 고난에 대하여 묘사하고 있는데, 심지어 그 어구는 다음과 같이 나타난다. "그가 그의 영혼을 죽음에서 건졌다." 이는 야웨의 종이, 전쟁과 같은 상황으로 인하여, 죽음의 위협에 노출될 수 있다는 것 그 이상을 의미하지 않는다.

49. M. Black, "The Messiah in the Testament of Levi XVIII", *Expository Times* 60 (1958-9), pp. 321f.

50. M. Black, "Servant of the Lord and Son of Man", *Scottish Journal of Theology* 6 (1953), pp. 1ff. 근거를 마련하기는 쉽지 않지만, 이러한 관점에서 이사야서의 종은 경우에 따라 모세와 같은 선지자와

동일시된다.

51. 이 어구는, 다니엘 7:14에서 단수 "사람의 아들과 같은 자"가 복수 "지극히 높은 분의 성도들"과 병행되듯이, 단수일 수 있다. 하지만 복수의 가능성도 존재한다.

52. 현재 본서 저작 시기에 추측할 수 있는 바로, 『에녹1서』의 "비유의 책"이 쿰란에서 발견되지 않았다.

53. Cf. M. Black, "The Son of Man' in the Old Biblical Literature", *Expository Times* 60 (1948-49), pp. 11ff.; T. W. Manson, "The Son of Man in Daniel, Enoch and the Gospels", *Bulletin of the John Rylands Library* 32 (1950), pp. 171ff.

54. Cf. C. F. D. Moule, "From Defendant to Judge—and Deliverer", *SNTS Bulletin* 3 (1952), pp. 40ff.; M. Black, "Servant of the Lord and Son of Man", *Scottish Journal of Theology* 6 (1953), pp. 1ff.

제6장 다니엘서 해석

55. Jerome이 말한 *pertransibunt*.

56. Cf. J. T. Milik, "'Prière de Nabonide' et autres écrits d'un cycle de Daniel", *RB* 63 (1956), pp. 407ff.

57. 대제사장의 지휘관(נגיד)에 대해서는 단 11:22를 참조하라. 단 9:25의 "말씀"은 어느 정도 렘 25:12의 70년에 대한 예언(주전 605/4) 내지는 29:10(주전 597)과 동일시 되 수 있다. 어떤 이들은—예를 들자면 E. J. Young, *The Messianic Prophecies of Daniel*, Exegetica I, 6 (1954), pp. 52ff.—고레스의 칙령을 "예레미야의 입에서 나온 주의 말씀"을 실행한 것으로 보기도 한다.

58. 칠십 이레에 대한 상징적 해석으로는 E. J. Young, *op. cit.*, p. 48을 참조하라(Young은 예수께서 단 9:24-27의 각각의 내용들을 성취한 것으로 본다).

59. Cf. Eusebius, *Demonstratio Evangelica* VIII. 2.58. Eusebios는 이렇게 해석한 사람의 이름을 언급하지는 않지만, 아마도 Hipplytus인 것 같다. A. Ehrhardt, *The Apostolic Succession in the First Two Centuries of the Church* (1953), pp. 54ff.

60. 이 동일시가 후대에, 로마를 그 예언 성취의 범위 안에 포함시켜 재해석한 결과로서, 대제사장 얀네우스를 포함하도록 확장된 것으로 보인다.

61. Cf. Josephus, *Antiquities* 20:237: "그 성읍은 7년 동안 제사장이 없었다."

62. Cf. Josephus, *Antiquities* 13:301. "이스라엘 백성들이 바벨론 포로로 잡혀간 지〔587년, 칠십 이레가 시작하는 시점〕481년 3개월이 되었을 때에" 아리스토불루스 1세가 왕이 되었다. 아리스토불루스가 1년을 통치하고서, 얀네우스는 〔바벨론 포로로 잡혀간 지〕483년째〔주전 103년〕, 즉 육십구 이레의 끝에 제사장이 되었다. 이는 Josephus가 포로기 후기 시대의 연대를 부풀린 것으로 볼 수 있다. 이러한 계산법은 Josephus가 창안한 것이 아니라 그가 참고한 자료로부터 기인한 것이다. 또한 Josephus의 칠십 이레에 대한 해석에서는 단 9:26의 "장차 올 지휘관"을 Vespasian으로 보고 있는 것이 분명하다.

63. 4QpIsaᵃ; cf. *JBL* 75, pp. 177ff.; T. H. Gaster, *op. cit.*, pp. 344ff.

64. 1QM I 1ff.

65. 이상의 주 11을 보라.

66. "막는 자들"(תמכים)에 관하여는 살후 2:6-7를 참조하라. 『비밀의 책』 두 번째 줄에 부분적으로 나타나는 "반역의 비밀"은 살후

2:7의 "불법의 비밀"과 자구적인 유사성이 있다.

67. Cf. 사 11:9; 렘 31:34; 합 2:14; 단 12:4.

제7장 사해사본과 신약성경의 구약 사용

68. C. H. Dodd, *According to the Scriptures* (1952), pp. 67ff.

69. C. H. Dodd, *op. cit.*, pp. 108ff., *et passim*.

70. 마태복음과 사해사본의 구약 인용방식의 상세한 비교를 위해서
는 K. Stendahl, *The School of St. Matthew* (1954), pp. 97ff.를 보라.

71. C. H. Dodd, *op. cit.*, p. 107; cf. pp. 49ff., 87.

72. Cf. F. F. Bruce, *The Book of the Acts* (1954), pp. 153ff.

73. Cf. F. F. Bruce, *The Book of the Acts*, p. 310. 〔Eerdmans 판에는 누락이
되어 있던 주 73을 Tyndale 판을 참고하여 추가하였다-역주.〕

74. Cf. H. J. Schoeps, *Theologie und Geschichte des Judenchristentums*
(1949), pp. 87ff.

75. Hippolytus는 (창 49:8에 대하여) 그리스도께서 유다 지파뿐 아니
라 레위 지파 역시 계승한다고 말하였다(『시므온의 유훈』 7:2에서
추론한 것이 분명하다). 또한 그는 모세의 레위에 대한 축복(신
33:8-11)을 그리스도에 관한 언급으로 해석한다. cf. M. Brière, L.
Mariès and B. C. Mercier, *Hippolyte de Rome sur les Bénédictions
d'Isaac, de Jacob et de Moïse* in *Patrologia Orientalis* 27 (1954). pp.
72. 144 ff.; cf. also L. Mariès, "Le Messie issu de Lévi chez Hippolyte
de Rome", *Recherches de Science Religieuse* 39-40 (1951-2),
Mélanges Lebreton, pp. 381 ff. "아론의 자손"(눅 1:5)인 엘리사벳의
친척, 곧 예수의 어머니의 계보를 통하여 제사장적 혈통을 입증하

려는 최근의 시도를 위해서는 J. L. Teicher in *Journal of Jewish Studies* 2 (1950), pp. 134 ff.를 참조하라.

76. Cf. Y. Yadin, "The Dead Sea Scrolls and the Epistle to the Hebrews", *Scripta Hierosolymitana* 4 (1957), pp. 36ff.